優渥叢書

超實用：獲利實戰筆記大公開

我用K線賺一億 圖解

60天看懂買賣型態，
一出手勝率100%！

U0072609

財聚龍頭◎著

目錄

第**1**章

別再錯過飆股，
教你看穿個股的「最佳買點」

第 2 章 用 **17 種經典 K 線型態，看出主力下車前的「最佳賣點」**

第5章　結合 K 線與指標，精準預測最佳停損點

學好 K 線技術分析，
就是讓你穩定獲利的利器！

　　如何從市場中快速穩定地獲取利潤？這是投資人經常問的問題。他們只知其然，卻不知其所以然，以為股市是一部快速安全的提款機。市場的運行有其自身規律，鐵口直斷預測第二天的走勢，屬於無稽之談。但投資人往往只關心明天的行情如何，總問得讓人哭笑不得，不知如何作答。

　　技術分析博大精深，流派眾多，關於經典技術分析方法的書籍更是浩如煙海，從哪裡作為技術分析方法講解的切入點，便成了首要問題。面對絕大多數中小投資人的困惑，我們思之再三，決定講解經典和基礎的 K 線圖分析方法。由淺入深，希望能夠對新入市的投資人提供些許幫助。

　　本書是應朋友之邀而作，書中雖然僅以 K 線圖為基礎進行講解和分析，但其中不乏個人的經驗總結。如果讀者能夠從中獲得些許收益，並且對交易確實有正面積極的幫助，這是我們最想看到的結果，心中也會獲得許多安慰。

從買賣時機到行情大趨勢，一次搞懂！

　　本書先以輔助分析工具著手，重點講解 K 線圖有關的技術分析手段，作為鋪墊。在講解 K 線圖型態的過程中，從週線、日線的趨勢判斷著眼，做到以大局為重；從日線級別做為趨勢追蹤，找到

大致交易點；從小時線著手，找到精確的入市或出市時機，層層剖析。

　　如此，讀者不但能鳥瞰全域，還可學會在細微處力求精準，從多角度來看待問題。尼德霍夫說：「看待問題的角度，會影響你看待問題的廣度和深度。」但是，我們在此也要說明一點，性格也決定操作的成敗，技術是末節。

　　心理素質和相對正確的人生觀和價值觀，從更深的層次，決定讀者今後在投機市場中能走多遠。技術分析是贈與有緣人的，也許其中的某些分析方法，與各位的人生觀和價值觀不相符，但希望能從中找到一種適合於自己的方法，為己所用。

　　相信許多朋友都看過有關 K 線圖的書籍，但並未進行深入的思考和研究，以至於盲人摸象，似是而非，最終只窺探到局部，卻以為自己洞觀了全域。我們針對問題，著重講解 K 線圖型態的相關驗證方法，力求其操作準確度能大大提高。

　　最後一章中，我們針對散戶投資人熱衷於實戰此心理特點，竭盡所能地針對 K 線的買賣訊號，一一詳盡講解，期望讀者都能夠從中獲益或有所啟發。

　　不要以為基礎的 K 線圖技術分析方法簡單，其實它真實地反映交易者心理的變化。毫不誇張地說，這也是一門心理學藝術。江山易改，稟性難移，存在就是有道理的，K 線圖分析方法流傳至今已有數百年歷史。學好 K 線圖，便如同打下堅實牢固的內功基礎，所謂飛花摘葉亦可傷人。但是如果一知半解，反而會自食苦果。

專攻 K 線技術分析，助你成為獲利高手

　　在任何一個風險投資市場當中，沒有專家，只有贏家和輸家。判斷是否成功，輸贏就是判定的標準，高手和低手不是憑嘴說出來的，而是靠真實的帳面獲利來判斷。雖然我們從事這一行業十載有

餘，也不敢稍有怠慢，始終如一地以敬畏之心面對市場。

根據技術分析來進行實盤操作，技術分析只是提供機率較大的傾向。例如突破重要支撐或阻力位，破位是技術分析，不破位同樣是技術分析，關鍵在於如何看待技術分析，如何面對技術分析所帶來的成敗結果。

在實際操作當中，沒有十全十美的操作，只要利潤能夠大於虧損，就是一名成功的交易者。在心理方面，不要追求完美，任何完美都是有缺陷的，因為不完美，而成就了它的完美；也正因為它是完美的，所以包含著不完美，這是一個哲學問題。

本書佔用較大篇幅來講解K線圖，和由K線圖組成的價格型態的分析方法。由於篇幅所限，本書側重此點，其他經典技術分析方法，敬請關注其他的著作。拋磚引玉，若本書中有不盡如人意之處，敬請理解和諒解。

最後祝讀者朋友們交易成功！

第 **1** 章

別再錯過飆股，
教你看穿個股的「最佳買點」

K 線圖能在第一時間提供買賣訊號，它雖然無法預測趨勢及價格，但可以配合價格型態提醒我們哪些是具有趨勢性的交易點。因此，價格型態相對於 K 線型態反轉來說，便具有重要意義。例如，底部價格反轉型態所揭示的，是原下跌趨勢即將結束，新的上漲趨勢即將形成的過程，一旦成功，價格型態就能提供價格趨勢。

因此，某些底部價格反轉型態後所形成的買點，便具有更重要的意義。而上漲趨勢過程中，一些特殊的型態出現之後，往往預示未來股價仍承接既有趨勢，順勢發展。所以，雖然它的買點相對於底部反轉型態的買點分量稍輕，但同樣具有積極意義。

★ 股價向上突破頸線時，買進！

Day 1　頭肩底型態的買點

實戰示例

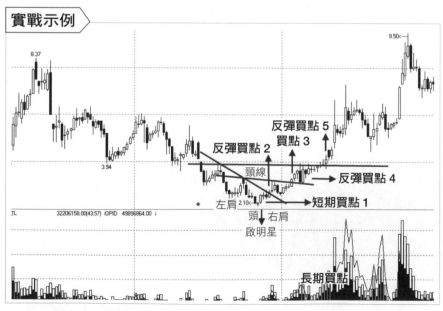

▲ 圖 1-1　太龍藥業（600222）2007 年 3 月至 2009 年 12 月週線圖

型態解析

- 頭肩底型態為底部反轉型態。

- 頭肩底型態由三個波谷低點構成，中間的波谷略低，為頭肩底型態的頭部，其他兩個波谷分佈在頭部的兩側，略高於頭部，為頭肩底型態的左右兩肩。兩肩的高度基本上在同一水平位置，即使有差別，也不可出現過大的偏差。

- 三個波谷上方對應兩個波峰，兩個波峰處連結而成的那條線，為頭肩底型態的頸線。當價格上破該頸線後，頭肩底型態確認成立。一般情況下，當股價上破頸線後，會出現對於頸線的反彈。

- 頭肩底型態在理論上，具有預測最小上漲價位的作用，測量出頭部至頸線的垂直距離，將該距離由股價向上突破頸線後向上映射，為理論上的最小目標上漲位。

　　如圖 1-1 所示，2008 年 8 月 22 日當週股價探底回升，反彈後形成頭肩底型態的左肩。2008 年 10 月 31 日當週，股價中陰線破出新低後，此時成交量已達到地量水準。在下一週的交易時間內，股價波幅已經嚴重萎縮，以小陽星線收盤。星線後的一週，股價開始放量，以中陽線收市，當週股價突破前陰線高點，構成底部啟明星型態，為頭肩底型態的頭部。

　　11 月 21 日當週，股價向上突破下跌趨勢線，構成買點 2，股價開始上升，在左肩高點處的水平處承壓，回落之後形成右肩。2009 年 2 月 6 日當週，股價向上突破頸線，構成重要的具有趨勢性的買點 3，成交量放大。3 月 6 日，股價回測頸線處獲得支撐，恢復漲勢，構成買點 4。4 月 30 日當週，向上突破前下跌趨勢中反彈高點，及前震盪區間的低點，構成買點 5。

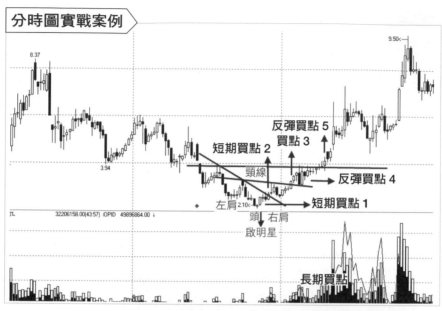

▲ 圖 1-2　太龍藥業（600222）2008 年 2 月至 2009 年 5 月日線圖

盤面解析

如圖 1-2 所示，自 2008 年 5 月 4 日，股價自反彈高點恢復下跌後，成交量始終以地量的狀態配合股價向下運行。股價自 2008 年 8 月 19 日至 9 月 8 日，形成平頭底部型態，促成小幅反彈。9 月 22 日股價以漲停板收盤，但隨後回落，重新回到下跌趨勢線，低點處形成頭肩底型態的左肩。

2008 年 11 月 3 日，股價創出新低時其對應的成交量，在地量的基礎上再次極度萎縮，賣盤力量已經極度衰竭。此時的成交量和股價狀態，預示著反彈就在眼前，星星之火便可燎原。股價在底部維持四個交易日後，成交量開始輕微放量，配合股價的小幅上漲，底部表現為小規模的啟明星型態。第二天股價開高走高，形成啟明星型態的有效驗證，也就是買點 1。但由於沒有向上突破趨勢線，所以該買點只能看成是短期買點。

　　11 月 10 日，隨著股價小幅上漲，MACD 指標也形成與股價之間的三度底部背離狀態。此說明股價已經跌無可跌，上漲的機率在此處極大，可謂物極必反。同時向上突破原下跌趨勢線，構成具有趨勢性的買點 2。

　　股價於 12 月 11 日，在前反彈高點承壓回落，自回檔底向上逐步爬升，形成頭肩底型態的右肩，此時的 MACD 指標也自零軸附近向上。2009 年 2 月 6 日，股價向上成功突破該頭肩底型態的頸線，成交量也隨之小幅放大，構成重要的買點 3。

　　股價在成功突破上限後，繼續上漲，受到 2008 年 7 月 23 日反彈高點處的壓制，向下回測頭肩頂的頸線。此時頸線被突破後，角色被轉換為支撐。股價在 2009 年 3 月 3 日受到頸線支撐後向上反彈，這是對頭肩底型態頸線的反彈，構成買點 4。

　　2009 年 2 月 25 日的高位水平為重要壓力，該壓力於 4 月 20 日被向上突破，徹底完成頭肩底型態，構成買點 5，該頭肩底為地價芝麻量典型型態。

我的投資筆記

 Day 2 三重底型態的買點

實戰示例

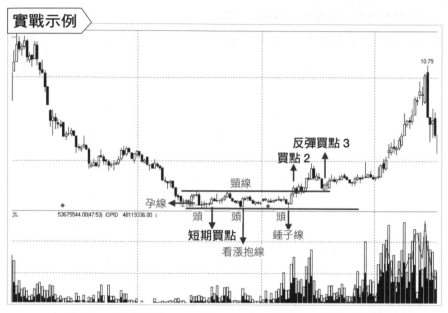

▲ 圖 1-3　*ST 廈新（600057）2004 年 2 月至 2007 年 1 月週線圖

型態解析

- 三重底型態為底部反轉型態，有三個明顯波谷。與頭肩底反轉型態不同的是，它所擁有的三個波谷，基本上都處於同一水平位置，當然也存在偏差，但不能過大。

- 三個波谷相對應的兩個波峰的連線，為三重底型態的頸線，當股價向上擊穿該頸線時，確認三重底型態徹底形成。一般情況下，會出現對頸線的反彈情況。

- 三重底型態在理論上，可預測最小上漲目標。先測量出中央頭部至頸線的垂直距離，再由股價向上突破頸線處向上映射

同樣的距離，為理論上最小上漲目標位。

● 三個頭部所對應的成交量呈現，為逐漸放量狀態。

如圖 1-3 所示，2005 年 7 月 1 日當週，股價自小幅反彈後向下破出新低，以長黑收盤。下一週股價探出新低後，以小陽孕線型態形成短期的底部反轉，此後的三週內，股價運行於陰線實體之內。直至 2005 年 8 月 5 日當週，股價小幅收陽，向上突破前方小震盪區間的上限，深深插入長黑線的實體，構成短期買點 1，此時股價已經向上突破原下跌趨勢線。

9 月 23 日前後兩週受到前高壓制，回落形成第二個低點。2006 年 4 月 28 日當週，股價下探受到前期低點支撐，以錘子線型態報收。5 月 12 日當週股價大幅上漲，驗證錘子線向上突破頸線，構成買點 2 確認上漲趨勢。在向頸線反彈時得到支撐，構成買點 3。

盤面解析

如圖 1-4 所示，2005 年 7 月 4 日股價創出新低後，次日形成看漲抱線型態。7 月 6 日，股價向上吞沒看漲抱線之前的一根長黑線，驗證看漲抱線型態的有效性，構成短期買點 1。此後幾日股價向下小幅回落，但均未破壞看漲抱線型態，短期買點 1 處的買點依然有效，此後股價進入反彈階段。

9 月 16 日股價開高衝高收陰線，成交量放大，顯示出位於前高處的壓制力量依然強烈，趨勢反轉時機尚未到來。在此高點處形成看跌抱線型態，股價再次陷入下跌趨勢。11 月 27 日股價在底部低開收陽，形成一根看漲捉腰帶線。但當日的成交量極小，顯示出前低對於股價的支撐強勁，在此價格區域，賣盤也明顯減弱。

在下一個交易日中，股價在捉腰帶線的實體內部，形成孕線型態，此孕線型態的小陰線應視為對捉腰帶線的整理。11 月 1 日，股價開盤後強勁上漲，大幅收陽，在回補前期向下跳空窗口之後，吞沒窗口之前的陰線實體，形成短期買點 2。

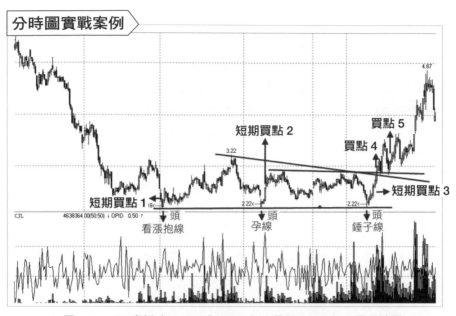

▲ 圖 1-4　*ST 廈新（600057）2005 年 2 月至 2006 年 7 月日線圖

　　當買點 2 形成後股價繼續震盪上行，但此後的成交量卻逐漸萎縮，可以看出上漲乏力，上漲動能不足。2006 年 4 月 12 日，股價自震盪區間上限處再次回落，進行第三次探底。於 4 月 24 日，達到前期低點的價格水準，受到水平方向的支撐，收出錘子線型態。

　　長長的下影線告訴我們，此處的水平支撐力量很強，價格觸底有很強的反彈。2006 年 5 月 8 日股價帶量上行，形成錘子線的有效驗證，構成短期買點 3。5 月 13 日向上突破三重底型態的頸線，確認三重底反轉型態成立，形成最重要、具有趨勢性的買點 4。

　　我們說過，一般情況下突破型態頸線後，都會出現一次對於頸線的反彈行情，當股價在三重底型態的頸線處獲得支撐後，構成具有趨勢性的最後一個買點 5。

Day 3　雙重底型態的買點

實戰示例

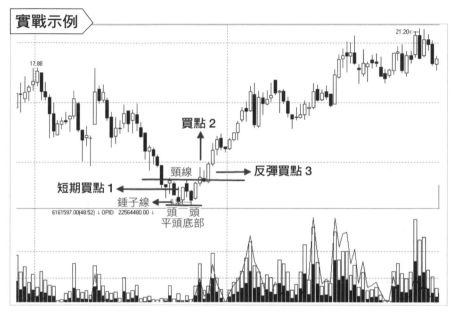

▲ 圖 1-5　開創國際（600097）2007 年 11 月至 2009 年 12 月週線圖

型態解析

- 雙重底型態為底部反轉型態。此型態有兩個明顯波谷，波股低點基本上處於同一水平位置，可以存在偏差但不能過大。

- 雙重底的兩個波谷中只對應一個波峰，以波峰低點處畫一條水平的直線，為雙重底的頸線。當股價向上擊穿頸線後，為最終確認雙重底型態徹底完成，如果沒有突破頸線，則不可輕易做出型態判斷。是否上破頸線，為檢驗雙重底型態是否真正成立的唯一標準。

- 測量出底部到頸線處的水平距離，再將該距離由股價向上突

破頸線處向上映射，得出雙重底部理論上最小上漲目標位。

如圖 1-5 所示，2008 年 10 月 17 日當週繼前一週大幅下跌之後，創出新低，並以倒錘子線型態收盤，該 K 線實體為陰線。顯示雖然股價仍處於下跌當中，但賣盤力量有所減弱，配合當時的成交量，可以印證此結論。在下一週股價開高走高，向上深深插入倒錘子線前方的陰線實體，構成短期買點 1。但此時的成交量並不大，顯示出上漲動能並不強勁。

在隨後的兩週中，股價再次向下試探低點。2008 年 11 月 7 日，當週股票低點在倒錘子線低點處獲得支撐，下一週股票便增量上漲，確定平頭底部型態。2008 年 11 月 21 日當週，股價突破頸線構成買點 2。隨後價格在頸線處反覆震盪，獲得支撐長陽拉升，構成重要的趨勢性買點 3。

盤面解析

如圖 1-6 所示，2008 年 10 月 10 日，股價跳空向下收光頭光腳陰線，預示股價仍有下跌空間。次日股價低開，下探更低的低點後向上放量反彈，插入前方陰線的實體，顯示低處的承接買盤出現。2008 年 10 月 16 日，股價於前一次下跌低點處開盤，開低收陽線，以陽星線型態收盤。

此刻成交量表現為萎縮狀態，顯示市場雖然開低，但賣盤力量已竭，此後股價小幅向上攀升。2008 年 10 月 21 日，股價向上回補跳空窗口，插入前方陰線的實體內部，與前方 K 線共同構成底部反轉的啟明星型態，形成短期買點 1。

隨後股價繼續上漲，明顯受到 2008 年 9 月 25 日反彈高點的壓制，開高衝高後回落，與前一根光頭陽線形成看跌約會線型態，此時的成交量明顯放大，說明在此價格區間內的賣盤依然很重。2008 年 11 月 4 日股價再次出現殺跌行情，但隨後兩日股價均在該長黑線的實體內部開盤，以星 K 線型態收盤。此顯示出在前低的價格

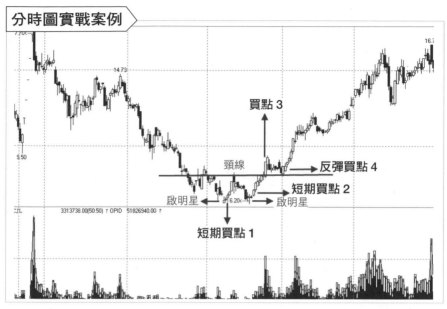

▲ 圖 1-6　開創國際（600097）2008 年 5 月至 2009 年 2 月日線圖

水準處買賣雙方均衡，市場處於膠著狀態。此賣盤力量有所減弱。

　　2008 年 11 月 10 日股價開高收陽線，完全收復前方殺跌陰線的跌幅，因此這幾根 K 線構成又一組啟明星型態，形成第二個短期買點。此時的成交量也配合股價上漲，印證短期買點 2 的可靠性。

　　其後股價穩步上揚，2008 年 11 月 17 日，股價向上突破該雙重底部的頸線壓力位，構成趨勢性的重要的買點 3，確認雙重底部反轉型態的有效性，市場真正的趨勢反轉在此處開始。此後股價對頸線進行反彈，回測該頸線的支撐是否有效，在頸線處獲得支撐後，股價轉身上行。

　　2008 年 12 月 2 日股價向上反彈，脫離頸線位置，構成市場反轉的最後一個最佳買點，為買點 4。雙重底型態相對於其他底部反轉型態來說，規模相對較小，在週線方面不易覺察，它通常出現在中級回檔的底部。

★ 股價突破前期下跌高點，買進！

Day 4 圓弧底型態的買點

實戰示例

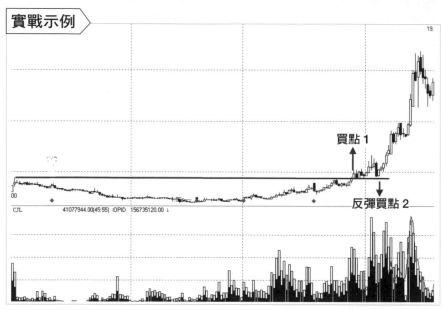

▲ 圖 1-7　冠城大通（600067）2004 年 3 月至 2007 年 7 月週線圖

型態解析

- 圓弧底型態為底部反轉型態。

- 該型態幾乎沒有明顯的波谷低點，股價先下後上所形成的底部型態呈圓弧形，股價運行平滑，所以稱為圓弧底部。

- 相對於其他底部反轉型態，此型態沒有頸線，反轉過程平滑、角度不明顯，多以向上穿越前期的下跌高點處為買點。

- 圓弧底型態的規模越大，其反轉力量越強，且很少出現。一旦出現，其成功率與反轉力量都非常大。

● 在圓弧底的後半段上漲過程中，成交量是逐漸增加。

　　如圖 1-7 所示，我們認為該圓弧底起點，為 2004 年 2 月 6 日當週至 2006 年 11 月 24 日當週結束，運行近 45 個月。自 2004 年 2 月 6 日開始，股價以星線收盤，此後便一路以小陰線和星線的形式下跌，成交量始終保持在地量水準。這是圓弧底的顯著特點，股價在每一個時間單位內，都以極小的波動幅度向下運行。

　　圓弧底型態是可遇不可求的，它本身並不具備其他反轉型態的特點，向下看跌趨勢線對它來說，也毫無用處，在主圖上幾乎沒有任何 K 線型態或是價格型態可供參考。我們唯一能做的，就是等待它符合於某一種價格型態，趨勢變得明朗後，再採取行動。當股價波動幅度極度縮小，而成交量逐漸放大時，應高度關注。2005 年 7 月 15 日起，直至 2006 年 11 月 24 日，股價放量突破圓弧底前方高點， 打破僵局，啟動上漲行情。

盤面解析

　　如圖 1-8 所示，2004 年 2 月 2 日，股價達到反彈高點，在此之前，股價呈現放量陡峭上漲的狀態，見頂後成交量一落千丈，買盤突然間銷聲匿跡。此後股價以一種小碎陰線一路下跌，成交量始終處於沉睡狀態，市場似乎進入冬眠期，沒有任何生氣可言。

　　直至 2005 年 7 月 6 日，股價達到這一波下跌的最低點位，成交量也陷入極度低迷狀態，此後股價緩慢爬升，以極緩慢的角度向上運行。值得欣慰的是，成交量隨著股價的緩慢向上逐漸放大，這給投資人帶來很大的希望。

　　圓弧底右半部分的緩慢上漲，應為主力吸籌的過程，是量變的過程。主力在操作期間，不論操盤手法如何變化，都離不開吸籌——拉高——賣出——打壓四個步驟。而在低點前後，正是主力吸籌的部位，在此階段主力一定不會讓任何人發現它的動作，所以，成交量必然在若有若無之間。

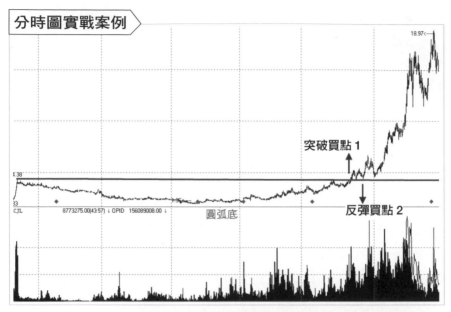

分時圖實戰案例

突破買點 1

圓弧底

反彈買點 2

▲ 圖 1-8　冠城大通（600067）2004 年 3 月至 2007 年 7 月日線圖

　　經由縱觀整體圓弧底型態，運行整整 45 個月，說明這是一次有預謀、規模極大的蓄勢過程。雖然市場充斥著陷阱和謊言，但它經由逐漸放大的成交量和價格的緩慢上升來看，主力已經具備發力的條件。我們在此時應高度關注，趕上其後的拉升行情。

　　在這一時期內，股價仍不符合任何價格型態的條件，直至 2006 年 11 月 24 日，股價放量突破圓弧底之前的高點。我們認為該突破是重要的趨勢性突破，為圓弧底型態的徹底確認與該型態的最佳買點。在股價大幅上揚時，主力也會經由反覆震盪，洗掉散戶的跟莊盤，來減輕拉升過程中的壓力。所以在股價下探至圓弧底型態突破位時，會受到看清此型態買家的買盤支撐，帶來反彈後的最佳買點。

★ 股價突破處在邊線 3/4 內，買進！

Day 5　看漲對稱三角形型態的買進訊號

實戰示例

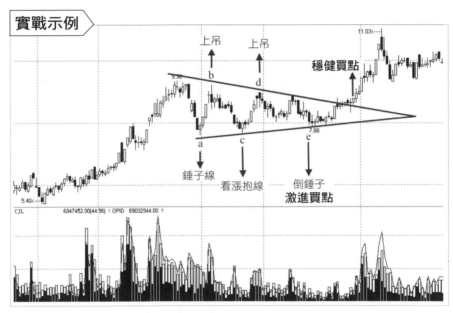

▲ 圖 1-9　ST 華光（600076）2009 年 8 月至 2010 年 4 月日線圖

型態解析

- 看漲對稱三角形型態，為漲勢中的持續型態。
- 該型態是指在上漲行情之後的中繼盤整，當盤整結束後，股價將繼續沿原上漲趨勢繼續上漲。
- 對稱三角形內部，通常由上下五次的震盪走勢完成，且震盪幅度越來越小，呈現逐漸收斂的型態。將這五波走勢的高點相連、低點相連，得到兩條邊線。這兩條邊線看起來像等腰三角形，所以該型態稱為對稱三角形。

- 在最後的震盪運行結束後，股價會向上突破邊線，突破處應在邊線的四分之三之內，否則該型態將失去指導意義。
- 測量出形成對稱三角形高低之間的垂直距離，將這段距離在突破上邊線處向上映射出去，能得出在理論上看漲對稱三角形型態的最小上漲距離。

如圖 1-9 所示，2009 年 10 月 18 日，此股從以頂部反轉孕線型態，出現對稱三角形型態的第一個折點。對稱三角形下邊線處的三個折點，分別為錘子線型態、看漲抱線型態與倒錘子線，確定了底部折點，上邊線處分別由兩個上吊線構成上方的折點。

配合成交量方面，每次向上運行時的成交量，均大於向下運行時的成交量，這為股價向上運行打下基礎，股價於上邊線的四分之三處向上突破。2010 年 2 月 24 日，股價自上邊線處向上彈起，確定對於上邊線的突破有效，構成買點。

盤面解析

如圖 1-10 所示，上漲或下跌中的持續型態，其規模通常相對較小，提醒我們中繼買進機會，所以這裡先取 60 分鐘分時圖表來配合日線，給出精確的買進時機。對稱三角形至少有四個折點以上，本圖為標準的看漲對稱三角形，可以注意到由三角形形成之初至結束，是由 abcde 五個標準的震盪走勢所構成的。

2009 年 11 月 17 日始，至 2010 年 2 月 23 日確認突破為止，該看漲對稱三角形歷時四個月。分時圖中，為我們清晰展示內部震盪結構，與成交量中最細微的變化，形成最精確的買點。同時經由細心觀察，也可以注意到本型態中，上邊線與下邊線處的折點，多配以經典標準的頂部，或底部 K 線圖反轉型態。

該看漲對稱三角形為上漲中的中繼型態，所以配合成交量方面，向上的震盪走勢的成交量，應大於向下的震盪走勢的成交量。股價在向三角形頂部處運行的過程中，成交量遞減，這也符合整體

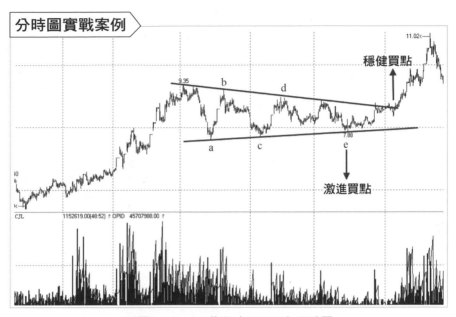

▲ 圖 1-10　ST 華光（600076）分時圖

震盪型態相對於行情時成交量的變化。當股價向上形成有效突破上邊線時，成交量應該有效放大，以驗證突破有效。

由圖可見，2009 年 11 月 17 日，形成該對稱三角形處的第一個折點，與 2009 年 12 月 4 日處的高點連結，形成該型態的上邊線。11 月 30 日，股價以看漲抱線型態形成的下邊線處的第一個折點，與 12 月 21 日以啟明星型態形成的下邊線的第二個折點連結，形成該型態的下邊線。在此後的股價運行中，每當股價在到達上邊線處，均受到壓制而回落；在到達下邊處，均受到支撐而反彈。

2011 年 2 月 23 日，股價配以之前相對明顯增加的成交量，向上突破上邊線，該型態確認完成。而在此前，股價曾小幅向上突破上邊線，但成交量方面未進行有效配合，導致突破失敗，在有效突破上邊線後，給出最佳買點。

Day 6 看漲上升三角形型態的買點

實戰示例

買點

14.95

13.33

▲ 圖 1-11　廣電信息（600637）2010 年 6 月至 2011 年 8 月日線圖

買點解析

- 看漲上升三角形型態為漲勢中的持續型態。該型態是指在上漲行情之後的中繼盤整，當盤整結束後，股價將沿原上漲趨勢繼續上漲。

- 看漲上升三角形型態，是看漲對稱三角形型態的一種變體，內部同樣會出現五次上下震盪走勢，震盪幅度也同樣會越來越小，呈現逐漸收斂的型態。但我們將五波走勢的高點相連、低點相連，會發現下邊線傾斜向上，上邊線卻是一條近乎於水平的直線。在這段震盪走勢中，高點持平而低點不斷

上升，所以稱為上升三角形型態。

- 在最後的震盪運行結束之後，股價會向上突破邊線，突破處應在邊線的四分之三之內。如果在邊線的四分之三之外突破，則該型態失去指導意義。
- 測量出形成上升三角形高低之間的垂直距離，將這段距離在突破上邊線處向上映射出去，能得出在理論上看漲上升三角形型態的最小上漲距離。

如圖 1-11 所示，在連續的漲停之後，股價終於出現遲來的整理。2011 年 1 月 19 日高點形成後，股價展開整理，依次上升的低點和高點的水平壓力，形成一組看漲上升三角形型態，這是一個標準的五浪結構。2011 年 3 月 3 日，股價向上突破上邊線，構成買點，該三角形的上邊線對其後股價的回檔，形成強而有力的支撐。

盤面解析

如圖 1-12 所示，2010 年 9 月 1 日全天，小時線表現為一個上升三角型態，其中向上突破的一根陽線較之前有所放大，正是這一組上升三角型態，奠定此後上漲的基礎。這也是我們講到的 K 線持續型態，能夠最先預示價格短期將出現的變化。次日便出現暴發行情，股價以漲停收盤，其後幾天也均為漲停板收盤。

但是請注意，2011 年 1 月 17 日，開盤便形成一根上吊線型態，其後又是一組流星線型態。隨後的星線和陰 K 線均表示上漲遇阻，這是頂部反轉型態，但股價僅形成小幅下跌，其後便恢復上漲。2011 年 1 月 19 日這天，股價向上突破前高，但未能守住漲勢，收盤仍然回落至前面流星線的價格控制範圍之內，這說明前方的流星線依然有效，其後股價便進入橫向震盪區間。在這個震盪過程當中，底部逐步抬高，而且向下的成交量呈現萎縮態勢，而股價向上運行時，成交量稍有放大。

2011 年 2 月 10 日及 11 日的上漲過程中，受到前高的壓力，

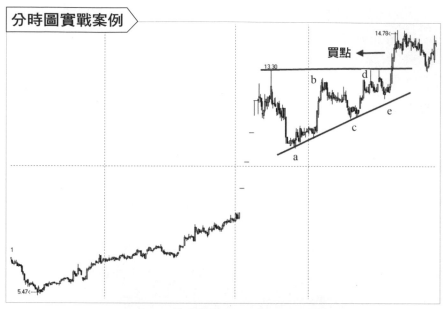

▲ 圖 1-12　廣電信息（600637）分時圖

股價再次回落形成第二個谷底。如此，我們便可以做出該型態的兩條邊線，根據兩條邊線的角度，基本上可以確定，這是一組看漲上升三角形持續型態。

　　2011 年 2 月 25 日與 3 月 1 日的兩根流星線，說明該三角形型態上邊線的壓制作用依然比較強勁。上升三角形從依次抬高的底部來看，增加了型態看漲的意義。3 月 3 日，收盤前的一根 K 線放量，突破該三角形的上邊線，完成該上升三角形型態的構建，給出買點。

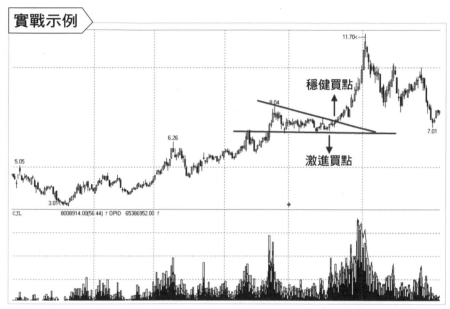

▲ 圖 1-13　友利控股（000584）2008 年 9 月至 2009 年 9 月日線圖

型態解析

- 看漲下降三角形型態為漲勢中的持續型態。該型態是指在上漲行情之後的中繼盤整，當盤整結束後，股價將沿原上漲趨勢繼續上漲。

- 看漲下降三角形型態，是看漲對稱三角形型態的一種變體。在它內部同樣會出現五次上下震盪的走勢，這五次震盪走勢的震盪幅度，也同樣會越來越小，呈現逐漸收斂的型態。但我們將五波走勢的高點相連和低點相連後，會發現上邊線傾斜向下，下邊線卻是一條近乎於水平的直線。在這段震盪

走勢中，低點持平而高點不斷下降，所以稱為下降三角形型態。

- 在最後的震盪運行結束後，股價會向上突破邊線，突破處應在邊線的四分之三以內。如果在邊線的四分之三以外突破，該型態將失去指導意義。

- 測量出形成下降三角形高低之間的垂直距離後，將這段距離在突破下邊線處向上映射出去，能得出在理論上看漲下降三角形型態的最小上漲距離。

如圖 1-13 所示，看漲下降三角形，只不過是對稱三角形的一種變體，除了下邊線變為水平的直線以外，其他都不變。我們還能看到，下邊線處的支撐位，正是前方上漲的高點。

著名的道氏理論中，也有相同的理論，波峰波谷之間的支撐與壓力，被擊穿會轉換角色，在原波峰處壓制，轉而成為突破後回落的支撐位。因此，有時你可能會刻意地去找三角形內部的五浪走勢。

但還有兩種情況我們無能為力，第一種為它的走勢並不明朗，渾渾噩噩的震盪就結束了，無法清楚地觀察到它的運行軌跡。還有一種是，在它的內部可能會出現三浪走勢或者九浪走勢，熟悉波浪理論的朋友都知道，所以不必吹毛求疵，當股價向上突破上邊線時，為最佳買點。

盤面解析

如圖 1-14 所示，將日線的三角型態細化為小時圖，仍然具備日線的輪廓。在本圖例的小時線中，價格運行在三角形的區域內，中間部分雖然漲勢不是十分清晰，但有時進行技術分析的同時，應該領悟技術分析的精髓，瞭解其內在含義。而圖形中的上漲，其高點雖然未達到上邊線處，但不影響在整體型態中的作用。

麻雀雖小，五臟俱全，在小時圖的上漲中，波段依然清晰可

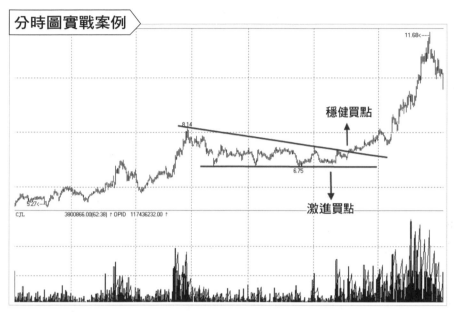

▲ 圖 1-14　友利控股（000584）分時圖

見。我們之所以選取這樣不規則的三角形型態作為圖例，就是要說明一個道理，當你真正領悟技術分析的內涵，該型態的實戰圖例將對技術分析水準的提高，具有至關重要的影響。

　　成交量配合方面，每次的上漲，其成交量都要比其下跌走勢的成交量更大。顯示市場上漲的動能依然存在，並且買盤躍躍欲試。三角形的突破，要求在該整體型態的二分之一至四分之三處。細心觀察圖例可以發現，當股價運行至突破區域內，成交量較之前明顯放大，動能加強，這為之後的上漲突破埋下伏筆。

　　在前面的章節中提到，在上邊線與下邊線的支撐或壓制位時，K 線圖都會出現經典的頂部或底部反轉型態。而每當股價在接近上邊線時，所形成的買進訊號，均形成一定程度的上漲。

　　這與我們在 K 線反轉型態中所強調的，底部反轉型態在上漲趨勢中，所形成的反轉更為可靠，成功反轉的機率更高。由此從側

面可以得出一個結論，市場可能仍處於上漲階段中。

　　從短時間來看，股價似乎失去方向，但有一句諺語請銘記於心：「當股價沒有方向時，將遵循著原來的方向。」股價於該型態的四分之三處向上突破，構成買點，激進的投資人可以根據波浪理論，或價格型態突破的時間，來預測出股價即將突破的位置與時段，在上邊線最後一個支撐位處買進。

我的投資筆記

★ 最後一浪被下邊線支撐時，買進！

Day 8　看漲擴大三角形型態的買點

實戰示例

理論買點

實際買點

▲ 圖 1-15　匯能能源（600605）2010 年 6 月至 2010 年 12 月日線圖

型態解析

- 看漲擴大三角形型態為漲勢中的持續型態。該型態是指在上漲行情之後的中繼盤整，當盤整結束後，股價將沿原上漲趨勢繼續上漲。

- 此型態是對稱三角形的一種變體，內部同樣也有五浪震盪走勢，但不同的是，震盪幅度越來越大。將其高點相連、低點相連，會發現上邊線向上傾斜、下邊線向下傾斜，兩條邊線呈現擴大的狀態，因此稱之為擴大三角形型態。

- 擴大三角的買點，若按照其他內斂型態的方法來設置，將會失去很多利潤。根據其特性，當擴大三角形內部出現五浪結構，並且最後一浪被下邊線支撐住時，便可買進。

如圖 1-15 所示，本型態為標準的持續上升擴大三角形型態，在實際的圖例中並不常見。一開始出現時，經常使投資人無所適從、陷入茫然，只有當該型態完成後，才能夠認清其真實面目。該型態由 2010 年 8 月 17 日開始，至 2010 年 11 月 10 日向上突破上邊線終止，在該型態內最後一波的下跌，形成看漲孕線型態，此後股價震盪上揚。

2010 年 11 月 10 日，股價長陽放量突破該型態的上邊線，確認該型態為有效型態，突破後上漲幅度也基本上達到預測的高度。但與其他持續型態不同的是，該型態突破上邊線後再行買進，會喪失很多利潤。所以該處只不過是一個理論上的買點，而真正的買點，應該在該型態的最後一次下跌，受到下邊線向上支撐時。

盤面解析

如圖 1-16，擴大三角型型態是最難以把握的型態，在型態運行的內部，波峰與波谷間高低點隨時穿叉，這是趨勢交易者最大的剋星。因為趨勢交易者突破區間的高點後，可以買入；突破新低後，可以賣出。可是在本型態中，震盪區間內不斷有新高出現，也不斷有新低出現，只要出手必然出錯，已經將道氏理論的核心思想破壞殆盡。

但如果你有大局觀就會發現，這只不過是主要趨勢中的一段次要趨勢罷了，所以很多常年虧損的交易者，只看到眼前的混亂，而沒有看到更長週期的有序性。

可以發現，股價向上或向下運行，成交量都處於縮減的態勢。我們認為出現該型態，通常為主力洗盤及再次吸籌的過程，主力運用上下高低點來反覆突破，讓投資人失去方向，誘使散戶在破出新

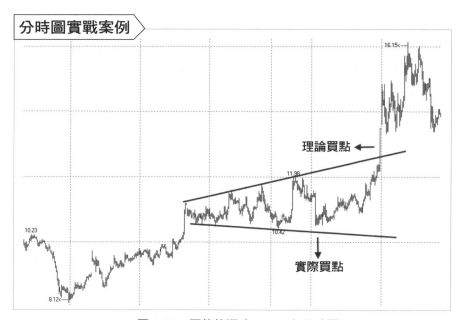

▲ 圖 1-16　匯能能源（600605）分時圖

低後拋出，達到吸籌的目的。而每一次上漲，突破前方高點誘使散戶入場，主力趁機拋出股票以砸低股價，最終完成洗盤。

前面講到該型態為反技術型態、反趨勢型態，常常使散戶搞不清楚狀況。但若你對趨勢有了更深的理解，就不難發現，該型態的運行也有一定的規律，但此型態終究會對中小投資人在心理上造成嚴重影響。所以建議在實際操盤中若遇到此型態，作為散戶的我們，最好不要被主力牽著鼻子走，做到以不變應萬變，尋找風險最低的時機入場，也就是圖中所標注的實際買點處。

經由本型態提示，我們在今後的交易中需要加強全域觀，不僅要縱向看待行情，也要經由股價橫向的變化，尋找有利的最佳時機入場。當股價 10 月 18 日開盤，最後一次達到下邊處時，在其後的運行可以發現，成交量基本上穩定在一定程度，再配合 K 線圖，按照該價格型態的定義，此處為風險極小的買進時機。

★ 五浪結束且突破上邊線時，買進！

Day 9 看漲矩形型態的買點

實戰示例

▲ 圖 1-17 盤江股份（600395）2009 年 9 月至 2010 年 10 月日線圖

型態解析

- 看漲矩形型態為漲勢中的持續型態，該型態是指在上漲行情之後的中繼盤整，當盤整結束後，股價將沿原上漲趨勢繼續上漲。

- 其內部具有五浪震盪走勢，而這五浪震盪，理論上幅度都是相同的。我們將它的高點相連和低點相連之後發現，上邊線與下邊線分別為兩條平行的水平直線，整體震盪走勢類似於矩形，所以稱它為看漲矩形型態。

- 當兩條平行邊線內部的五浪走勢結束，股價向上穿越上邊線後矩形型態徹底完成，突破其上邊線時為最佳買點。
- 通常股價在向上突破上邊線後，對上邊線進行反彈，反彈後在上邊線獲得支撐，則加倉買進。

如圖 1-17 所示，該支股票至 2010 年 7 月 5 日後，底位反彈，股價在上行至下跌前的反彈整理區域受到壓制，開始橫向的震盪。由本圖中我們可以發現，該震盪在此區域形成絕非偶然。該震盪區間的上限，受到前下跌趨勢中震盪低點的壓制，而前下跌趨勢線也對該型態構成了壓制，股價在此處震盪，更多的表現為蓄勢向上的厚積薄發之態。

2010 年 5 月 29 日，股價開始向上反彈，次日股價放量向上跳空突破震盪區間的上限及下跌趨勢線，構成重要買點。而區間中的最後一個低點，可作為買點 1。股價在向上跳空突破原下跌趨勢線後，出現井噴，再次向上突破另一根下跌趨勢線，該突破為突破性跳空，具有重要意義。以上重要壓力位連續被突破，提示我們應當堅決買進。

盤面解析

如圖 1-18 所示，博觀而約取，厚積而薄發！在本圖例中，股價自 2010 年 7 月 29 日至 2010 年 10 月 8 日，歷時三個月的醞釀蓄勢的矩形持續型態，隨後便輕鬆向上突破該矩形型態，拉開大幅上漲的序幕。

此後股價便張開理念的翅膀，揚起奮進的航帆。先看向上突破後的漲勢，如井噴般上漲，連續出現兩次向上跳空漲停的行情，並無任何滯礙。所以不得不再解釋一下厚積薄發之中「薄」字，通常理解為少量、緩慢的。但我們認為，此處的解釋應該為輕鬆的、毫不費力之意。

在本圖中，雖然所講的是上漲矩形的持續型態，但包含極多技

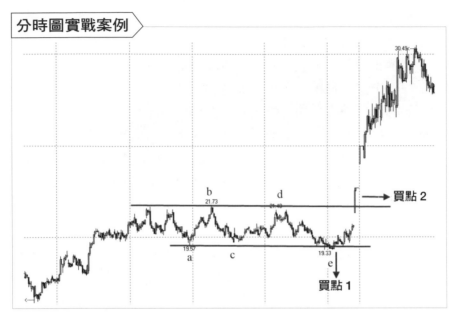

分時圖實戰案例

▲ 圖 1-18　盤江股份（600395）分時圖

術分析方法，本圖中重點突出了趨勢線的作用。首先，該支股票上漲至前下跌的最後一個反彈高點處受到壓制，該價格水準也是前期寬幅震盪區間的下邊線處，所以價格在此受阻，並進入震盪區間，是勢在必行的。

在股價向後震盪的過程中，又受到來自前下跌趨勢線的壓制，在這裡趨勢線與水平阻力得到充分展現。而在震盪區間，成交量並未出現地量狀態，可見股價在此震盪時，只是暫時整理而已，在等待突破時機的到來。

如果我們面對這種情況，或持有股票不動，或先行平倉等待機會，所以兵貴勝不貴久，與其忍耐不如等到機會成熟，突破的時機醞釀已成，一擊而中。如此能節省很多機會成本，同時規避股價再次下跌的風險（在趨勢未改變之時，該趨勢有可能演化為階段性的平頭頂部型態），任何風險都應當適當迴避，君子不立危牆之下。

尤其是股價在向上突破前，曾向下小幅穿透下邊線，也就說明下跌風險是存在的。

10 月 8 日，股價便開始向上跳空突破，以漲停的這種極端方式收盤，長時間的積累終於有了結果，真正地展現厚積薄發之意，構成重要的買點。有經驗的投資人可以在最後一個低點，向上突破上邊線處買進，這便是《孫子兵法》中說的「先處戰地，而待敵者佚」之精要。

我的投資筆記

Day 10 看漲楔形型態的買點

實戰示例

▲ 圖1-19 江泉實業（600212）2010年5月至2010年6月日線圖

型態解析

- 看漲楔形是上漲中繼的持續型態。

- 此型態是看漲旗形型態的一種變體，它與旗形型態內部的走勢一樣，內部都存在震盪五浪。與旗形型態不同的是，其震盪的方向雖然向下，但幅度越來越小。將震盪走勢的高點相連、低點相連，形成兩條邊線。此兩條邊線皆向下傾斜，但逐漸內斂，在某一時刻必然會相交。

- 當股價五浪震盪走勢結束，向上穿越上邊線時，為確認該型態真正形成，形成價格型態的買點。當然，一般情況下，

都會存在對於邊線的反彈，所以股價被上邊線再次支撐向上時，為加倉買點，也同時驗證該價格型態的可靠性。

● 隨著楔形型態出現的位置不同，也肩負著不同的使命，它還可以成為頂部反轉型態。作為持續型態時，它的運行角度與原上漲趨勢的方向相反；而作為頂部反轉型態時，它的運行角度與原上漲趨勢相同。

如圖 1-19 所示，該型態無論從時間跨度，還是內部結構，都堪稱經典的看漲楔形型態。本圖例屬於該型態中規模較大者，該型態是對自底部上漲以來的大幅修正。2010 年 11 月 11 日以流星線構成前方上漲的轉捩點，在向下運行中成交縮量，符合持續型態的成交量方面的驗證要求。2011 年 2 月 11 日，股價向上突破上邊線，形成買點。

盤面解析

如圖 1-20 所示，2010 年 7 月 2 日至 2010 年 11 月 10 日，這一段為上漲的持續整理型態。該小時線在跌破前面震盪攀升的最後一個低點後，即 2010 年 11 月 10 日開盤的低點。根據道氏理論，市場有可能出現向下的整理，而後上升再形成高點的成交量開始減少，其後便逐漸縮量下跌。

我們知道在股市中，股價的下跌不需要成交量配合，股價開始萎縮，市場已經失去上漲的動能。此時我們唯一要做的，便是以逸待勞，當回檔已至極低點時，賣盤再無壓力，而下方遇到支撐時，可在此處建立多頭部位。

本圖例中，當股價在前震盪低點受到支撐時，曾向上出現較大幅度的反彈，此時有些投資人會產生比較衝動的心理。但你可以發現，該次反彈沒有向上突破任何一個價格型態，包括趨勢線的重要壓力位，而後股價便再次縮量回落。

以逸待勞之計的引申含義是說，不要選擇主動破敵，而是運用

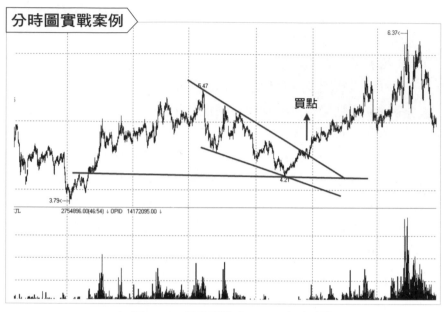

▲ 圖 1-20　江泉實業（600212）分時圖

最簡單的方法，來控制最複雜的敵情，以不變應萬變。當型態沒有
給出具體的方向時，我們完全可以採用此計。

　　之後股價高點逐漸下移，證明短期的小跌趨勢已然形成。當股
價下跌時，我們持幣以站在主動地位，當股價下至低點，而成交量
成地量之勢，賣盤壓力衰竭，股價突破短期的下降趨勢線時形成買
點，可趁火打劫。

Day
11
看漲旗形型態的買點

實戰示例

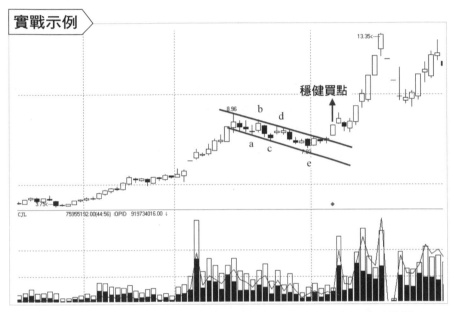

▲ 圖 1-21　迪康藥業（600466）2011 年 1 月至 2011 年 5 月日線圖

型態解析

- 看漲旗形型態為漲勢中的持續型態，該型態是指在上漲行情之後的中繼盤整結束後，股價將沿原上漲趨勢繼續上漲。

- 這是看漲矩形型態的一種變體，內部同樣會有五浪震盪的走勢。它與看漲矩形唯一不同的是，其兩條邊線是平等向下傾斜的，其他都與看漲矩形型態相同。

- 股價在兩條平行邊線內部的五浪走勢結束後，向上穿越上邊線，看漲旗形型態徹底完成，在突破上邊線時為最佳買點。

圖 1-21 為標準上漲旗形型態，本型態由 2011 年 3 月 14 日運行至 2011 年 4 月 7 日，歷時將近三週，符合理論上的時間要求。一般情況下，旗形型態的時間跨度較短，上下邊均向下傾斜，股價位於其間。在型態內部向下運行時，成交量萎縮；向上運行時，成交量放大。

3 月 31 日，成交量達到最低點，向下的賣盤力量幾近衰竭。2011 年 4 月 8 日，股價在上邊線以上跳空開高走高，以漲停板收盤，呈光頭光腳的陽線，無量漲停。這是決定性的突破，在此超強的突破型態下，我們甚至不必等待回檔的驗證。

此類整理型態通常出現在行情的腰部範圍，預示股價在突破後形成漲勢，理論上，上漲幅度等長於旗形出現之初的漲幅。該股價在突破後呈陡峭直線上漲狀態，實際操盤的過程中，凡遇此類型態應大膽買入，是重要的加倉訊號。

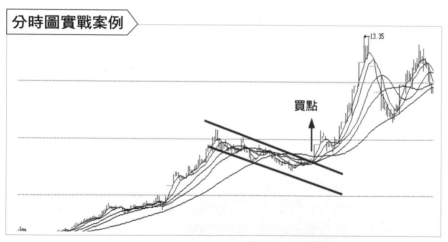

分時圖實戰案例

▲ 圖 1-22　迪康藥業（600466）分時圖

盤面解析

　　如圖 1-22 所示，在實際操盤中，當整理行情出現後，投資人往往處於焦急等待的狀態，盼望行情立刻出現上漲。從各項指標來看，當股價處於震盪行情時，各項指標往往失去任何指示作用。很多中小投資人，在此類整理中茫然失措，但趨勢的停頓往往醞釀著更大的機會。

　　有些中小投資人熱衷於追漲殺跌，在明顯的趨勢中搏殺。而往往越是明顯的趨勢中，其內部所蘊含的陷阱就越多，畢竟天下沒有免費的午餐。更多的高手，往往蟄伏於無趨勢中，所謂無中生有，在沒有趨勢的行情中，才會演化出大趨勢。

　　當趨勢逐漸明朗，你會很驚訝地發現，自己幸運地站在趨勢的起點，站在趨勢的起跑線上。比那些追漲殺跌的投資人，持有更便宜的籌碼，具有更大的心理優勢，不論從氣勢上還是兵力分佈上，都已經戰勝絕大多數的對手，這便是在無中生有時的博弈。

　　一名好的技術分析者就像獵人，會尋求任何有詐的蛛絲馬跡以確認目標，等時機成熟後一擊而中。當遇到危險時，也不會貿然行動做出錯誤的決定，而是會見機行事，全身而退。

　　在此次旗形整理中，我們看到無論從移動平均線，還是其他擺動指標，均沒有給出交易訊號。但分析成交量便可發現，股價在此型態中向下運行的過程中，成交量不斷萎縮，當達到該型態的最後一個低點時，幾乎達到地量的標準，這就是一個從無到有的過程。正所謂物極必反，此後，股價向上的跳空突破不是偶然，是經過該旗形型態向下整理，醞釀之後的必然結果。

　　當股價向上突破旗形型態的上邊線時，確認該型態的有效性，形成價格型態方面的最佳買點。

★ 若出現在第2浪，要在第3浪的第3個子浪買進！

Day 12 持續型態頭肩底型態的買點

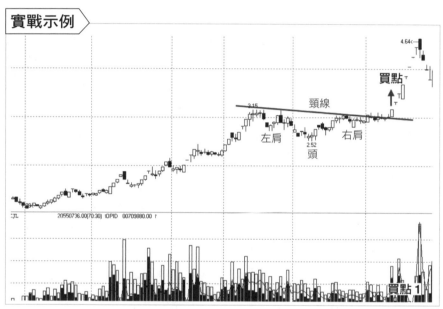

實戰示例

▲ 圖1-23　ST廈新（600057）2008年10月至2009年4月日線圖

型態解析

- 持續頭肩底型態為看漲持續型態。它的內部結構與反轉型態頭肩底一樣，但出現的位置截然不同。反轉型態頭肩低出現在下跌趨勢的末端，上漲趨勢的啟動階段。

- 我們可以將此型態看作旗形型態或是矩形型態的變體，只是中間的波谷顯得更低一點而已。它通常出現在2浪或是4浪的位置，是由上升推進浪中的子浪，與回檔浪中的子浪共同構成。

- 持續頭肩底型態也同樣存在頸線，當股價向上突破頸線後構成買點。如果該型態出現在 2 浪中，那麼突破頸線之時，必然是 3 浪中的第 3 個子浪，正是股價瘋狂上漲之時。如果出現在 4 浪中，那麼突破頸線之時，必然 5 浪中的第 3 子浪，同樣也具備了 3 浪的特質，股價有著極快的上漲速度。
- 看漲持續頭肩底，也可以看作是更小上漲級別中的底部。我們說它是持續型態，是因為站在較大的級別中看待。

如圖 1-23 所示，2009 年 2 月 28 日之前，為一段明朗的上升趨勢。股價於 2009 年 2 月 12 日向下回檔後，再度反彈形成左肩。反彈高點受到前高壓制，繼續回落，在回落過程中成交量逐漸減少。2009 年 3 月 9 日，股價自低點向上反彈，形成該持續頭肩底型態的頭部。此後股價自反彈高點處再次回落，形成右肩。在右肩的形成過程中，成交量相對於左肩有所減少。2009 年 4 月 13 日，股價向上放量突破該持續頭肩底的頸線位置，型態已確認成功，構成價格型態的最佳買點。

盤面解析

如圖 1-24 所示的持續頭肩底型態，其名稱可分為兩部分，一為持續，二為頭肩底。如果你站在小級別視角中，那麼它主要是一個底部反轉型態；如果你觀察市場的角度更廣、時間跨度更長，那麼它便是長期上漲趨勢線中的一段次要趨勢，一段持續型態而已。因此我們平常與人討論行情走勢時，之所以會有很多分歧，就是各自沒有把立場、看待問題的角度闡述清楚。

再切換至操盤層面，之所以同時會有很多人買進、很多人賣出，也是因為買進者與賣出者所處的環境不同、立場不同、角度不同。我們可以得到一種推論：看待問題的角度，會直接影響到對問題理解的深度與廣度。長週期與短週期有不同作法，如果你是中長線投資人，那麼可以將本型態視為持續型態頭肩底；如果你是中短

分時圖實戰案例

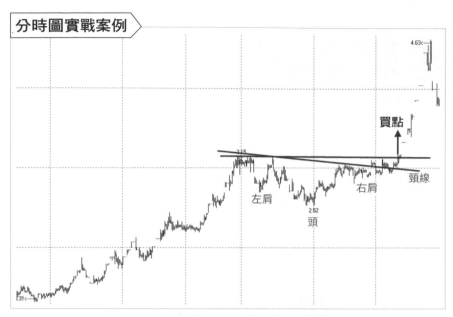

▲ 圖 1-24　ST 廈新（600057）分時圖

期投資人，依然可以將它看作小趨勢中的底部反轉型態。

　　從小時線看此型態，讓我們可以從更細的角度來劃分。在左肩與頭部的形成過程中，其實可以細分為持續上升楔形（詳見後章），有些較為積極的投資人，據此可以先買進。如果對頭肩底反轉型態有更深層的瞭解，甚至可以在右肩的形成過程中逐步買進。

　　細心觀察可以發現，在右肩的形成過程中，它表現出持續上升三角形型態。我們從宏觀來看，持續頭肩底型態的頸線被突破之時，也是其右肩的上升三角形上邊線被突破之時，該型態的頭肩底右肩的回檔力量明顯顯弱，市場對於上漲的欲望更強。

　　當該型態頸線被突破之時，受到來自前方水平高點的壓制，兩條阻力較接近時，以突破最後一道阻力位為最準確的買入點。4 月13 日股價向上突破兩道阻力位，確認該型態的有效性，形成價格型態的買點。

★ 第 e 浪有效突破上邊線時，買進！

Day 13　充當底部反轉型態的三角形的買點

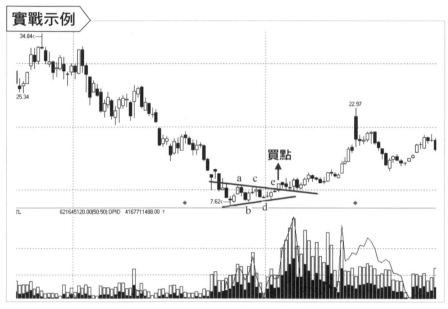

實戰示例

▲ 圖 1-25　招商銀行（600036）2007 年 9 月至 2009 年 11 月週線圖

型態解析

- 三角形型態雖然是持續型態，但有時也會出現在趨勢的底部，形成反轉型態。因為其內部發生了變化，與持續型態三角形不同，它是由看跌三角形型態演變而來的。

- 三角形內部通常為五浪震盪走勢，我們一般用 abcde 來計數其震盪的波數。在看跌持續三角形型態中，當第 e 波震盪結束後，股價會受到來自上邊線的壓制，向下突破該型態的下邊線後，形成繼續看跌的持續型態。而對於充當底部反轉型

態的三角形來說，其內部雖然仍有五波震盪走勢，但當第 e 浪時，上邊線已經無法阻止價格向上反轉，向上有效穿越上邊線後，由下跌趨勢轉而成為上漲趨勢，形成充當底部反轉型態的三角形。該型態也是三重底的一種變體。

如圖 1-25 所示，經由之前列舉的週線圖形，我們可以得出這樣一個結論：在股市之中，底部反轉型態通常規模小於頂部反轉型態（圓弧底型態除外）。2008 年 10 月 24 日當週，股價長黑下跌，顯示跌勢意猶未盡，但在其後兩週便形成啟明星型態，就此確定該三角形的上下邊的第一個轉捩點。

經由此後股價的變化，我們畫出該底部對稱三角形的輪廓。其實從成交量中也可以發現，在該底部第一個轉捩點後，成交量便呈現逐漸上升的態勢。於 2009 年 2 月 6 日當週，強勁向上突破上邊線，完成充當底部的三角形型態的確認，給出買點。此後股價在整理中均受到該型態上邊線處的支撐，上漲之勢初步形成。

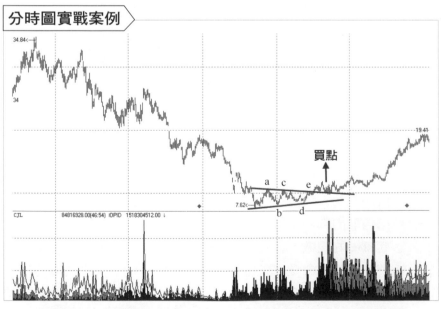

分時圖實戰案例

▲ 圖 1-26　招商銀行（600036）2007 年 9 月至 2009 年 11 月週線圖

盤面解析

　　週線圖主要的作用是研判趨勢的延續或是反轉，並不能及時發現轉捩點，所以我們利用週線圖判研趨勢之後，應當利用更小級別的日線或是小時線，來尋找最佳的交易點。該型態的走勢簡單明瞭，易於辨別，經由日線可以更早辨別出這是一組充當底部的反轉三角形。由於三角形既可以作為持續型態，也可以作為反轉型態，如何分辨它們是一個重要的課題。

　　如圖 1-26 所示，該型態是由看跌持續三角形演化而來的，在看跌持續三角形中，第 e 浪是三角形內部震盪的最後一浪，它受到來自上邊線的壓制，轉而向下，向下方有效突破上邊線後，形成看跌的持續型態。但在本節所講的型態中，第 e 浪在上邊線處沒有受到來自上邊線的賣盤壓力，空方已無力再維持股價繼續向下的動能，所以第 e 浪的任務並沒有完成。股價自第 e 浪處向上突破上邊線後，形成充當底部的反轉三角形型態。

　　這便是型態本身的自我轉換，它可以經由選擇穿越上邊線還是下邊線，來確認自身為持續型態還是反轉型態。讀者們千萬不要拘泥於陳規，一看到三角形，便認為它是持續型態，應當因時因地，隨時做出對市場趨勢的判讀。

　　另外我們也可以用時間加以輔助分析，判斷其是向上突破還是向下突破。三角形的突破通常為邊線的二分之一處和四分之一處，但這並不能作為主要依據。

　　我們再次強調，三角形的突破必須以突破上下邊線，來判定其為反轉型態還是持續型態。這也符合之前的觀點，在橫向區間沒有發生突破之前，更多時候，你並不知道它是持續還是反轉。所以我們應持幣觀望，等待突破方向的出現，再行交易。

　　該底部三角形於 2009 年 2 月 4 日向上突破上邊線，驗證該型態為反轉型態，形成買點。

★ 第5浪有效突破上邊線時，買進！

Day 14　底部反轉楔形的買點

實戰示例

▲ 圖1-27　東風科技（600081）2007年3月至2010年6月週線圖

型態解析

- 區分楔形是反轉型態還是持續型態，關鍵在於它與主趨勢的方向是否相同。如果楔形的方向與主趨勢方向相同，那麼它便是反轉型態；如果它與主趨勢的方向相反，那麼它便是持續型態。

- 此型態通常出現在該級別下跌的最後階段。

- 此型態與持續型態楔形的內部構成也完全不同。看漲持續楔形型態中，將與主趨勢相反的第一次回檔稱為a浪，以此

　　類推在第 e 浪時，受到下邊線的支撐轉而向上，突破上邊線
形成新的上漲趨勢。而在反轉楔形型態中，內部最後一浪
下跌中的第一次下跌，標記為「1」；在反覆震盪之中，最
後的下跌標記為「5」。當第「5」浪形成後底部楔形形成，
股價轉而向上突破楔形的上邊線，趨勢出現反轉。

　　如圖 1-27 所示，該底部楔形型態為此次下跌的最後一浪，輪
廓清晰分明。底部楔形反轉型態，具有兩條傾斜向下但內斂的上下
邊線，在這兩條邊線內，進行五浪震盪下行的走勢。通常頂部反轉
楔形或底部反轉楔形的邊線突破處，為邊線的四分之三處，有時也
會向頂部運行，但這種情況並不常見。

　　該型態的底部形成一組底部錘子線型態，錘子線與前後兩週的
K 線，又構成啟明星型態。2008 年 11 月 14 日當週，股價開高走高，
同時突破該底部楔形的上邊線，驗證底部反轉型態，同時形成突破
之勢，構成買點。

盤面解析

　　如圖 1-28 所示，仔細觀察日線圖，2008 年 4 月 30 日高點回
落後，股價向下呈現整體的收斂狀態。當股價突破 2007 年 6 月 28
日的低點後，股價上下波動幅度開始明顯減小，下邊的切線與上邊
的壓力線呈向下傾斜內斂狀態，我們便可以判斷出，這是一個底部
楔形。當楔形充當底部反轉型態時，它的規模要大於持續型態中的
楔形型態。若我們想要精益求精，可以從這個楔形的波動中，進一
步找出輔助判斷，來驗證這是否是一個標準的底部楔形。

　　該型態的第一個轉捩點為 2008 年 7 月 1 日的低點處，而上邊
處的第一個轉捩點為 2007 年 7 月 28 日的高點，至該楔形的最低點
形成，向下與向上的震盪共出現了五浪結構，而每一浪均為三浪型
態，這是型態內部所要求的。對於型態中波段的走勢，只有在波浪
理論中給予相關的解釋和說明，雖然我們沒有講到波浪理論，　但

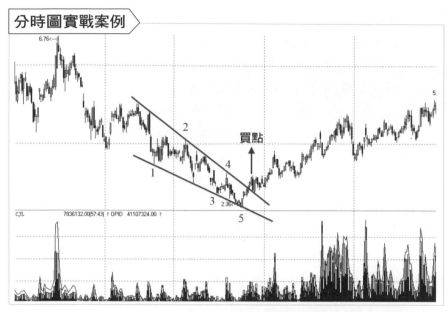

▲ 圖 1-28　東風科技（600081）2007 年 3 月至 2010 年 6 月日線圖

可以經由趨勢線理論，對它做出基本的判斷。

　　波浪理論對於型態的判斷具有明顯優勢，同時我們也能看出，該底部楔形的低點處，恰巧位於該短期下跌趨勢形成之前的上漲趨勢的低點附近，也可以將其看作對於起漲點的驗證。

　　在成交量方面，自 2007 年 1 月 25 日的反彈高點形成後，其後成交量向下變為縮減的狀態。尤其是該楔形初具規模後，股價向下運行時的成交量進一步萎縮，這另一方面驗證了我們的基本判斷，該楔形可能引發今後的股價上漲。當股價於 2008 年 11 月 13 日向上突破該下降楔形的上邊線時，買點便真正形成了。

　　此後股價經過短期的橫向震盪，時間上已經超出規定的期限，所以我們認為這一次突破為有效突破。其後股價呈逐漸放量的態勢，股價緩慢向上爬升，遠遠脫離該下底部楔形的型態，形成後期的上漲趨勢。

★ 只有突破窗口和中繼窗口這兩種可買進！

Day 15　向上跳空窗口的買點

實戰示例

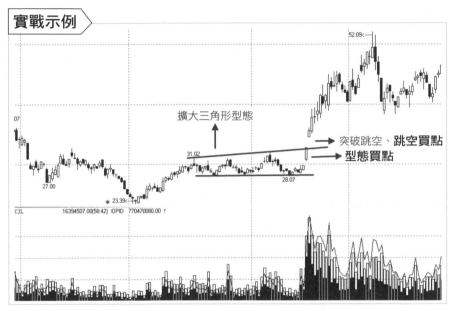

▲ 圖 1-29　蘭花科創（600123）2010 年 5 月至 2010 年 12 月日線圖

型態解析

- 向上跳空窗口是指當前交易日的最低價，與前一個交易日的最高價之間，形成的無成交的價格空白區。這種向上跳空窗口，是市場買方力量非常強大的表現，持幣者由於購買不到，爭相抬高價格買進，才會造成極端價格。也同時說明出現該窗口時爭相購進的熱情，所以遇到該型態時可買進。

- 向上跳空窗口分為突破窗口、中繼窗口、衰竭窗口和普通窗口。其中僅有突破窗口與中繼窗口具有買進意義，衰竭窗口

與普通窗口不具有買進的指導意義。

- 突破窗口是指向上跳出原下跌趨勢線，或是跳出底部反轉型態的頸線，或是跳出上升趨勢中的看漲持續型態中的上邊線，是行情剛剛啟動之時最重要的買點之一。中繼窗口是指在快速上漲趨勢中向上跳出的窗口，可據此加倉操作，因為它還具有測算功能，通常出現在該趨勢的中間部分。

- 衰竭窗口是指上漲行情出現在最後的上漲階段，此時再行買入的風險極大；普通窗口是指在震盪走勢中出現的跳空窗口，不具備任何意義。

如圖 1-29 所示，該股在底部反彈後，形成一組擴大三角形型態。2010 年 9 月 30 日，股價在擴大三角形區域內向上跳空，以漲停板收盤，向上突破擴大三角形的上邊線，構成型態買點。次日，股價再次放量形成向上突破跳空，構成新的跳空買點。這是突破持續型態上邊線後的跳空，所以可定義為突破跳空窗口。

盤面解析

如圖 1-30 所示，市場在 9 月 20 日前後處於擴大三角形型態的下邊線時，成交量已處於極度萎縮狀態。所以從成交量方面的配合型態分析來看，股價整理型態可能即將結束。10 月 8 日開盤後，股價與前一日的收盤，便形成向上跳空的態勢，成交量有效放大，但此次跳空窗口依然受到來自擴大三角形上邊線處的壓制。

再從大方向上來看，本次跳空發生在震盪區間內。理論上當其發生時，尚不能確定作用，不能確定它是否屬於普通跳空。從這方面講，我們並不能將其定義為突破跳空。但如果從小區域來看，9 月 16 日 10 時至 9 月 28 日 14 時之間，是一個極小規模頭肩底型態，若按局部區域的型態來判斷，該跳空窗口可以作為突破跳空窗口來對待，這取決於投資人的分析角度和視野。

無論如何，當前期的整理型態已經運行至接近尾聲時，此次跳

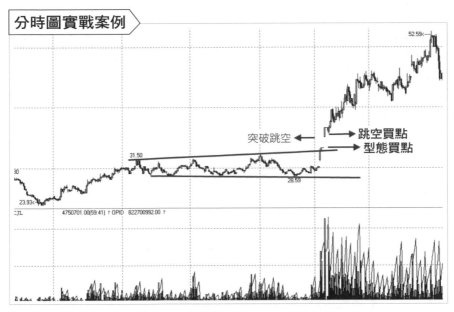

分時圖實戰案例

突破跳空　→　跳空買點
型態買點

▲ 圖 1-30　蘭花科創（600123）分時圖

空窗口的出現，無疑表現出市場積極樂觀的情緒，具有重要意義，激進的投資人完全可以據此入市。而該次跳空窗口，成交量給予積極的配合，所以從這個角度上來講，我們也可以將它定義為局部的突破跳空窗口，作為買點。

　　從擴大三角形的型態來看，該日 10 時以後才真正出現買點，因為股價已向上突破擴張三角形的上邊線，構成價格型態上的買點。雖然突破幅度尚未經過驗證，但股價當日以漲停板收盤，這種極端強勁的市場表現，只要在漲停板還能成交，完全值得入市。

　　2010 年 10 月 11 日開盤後，股價創出此階段的天量，向上跳空開高走高。從大規模的角度來看，這是一個無可爭議的跳空買點，該日股價繼續以漲停板收盤。相對於價格型態來說，它是股價向上突破價格型態邊線後的首次跳空，也可將其定義為突破跳空窗口，形成跳空窗口處的買進訊號，也可以作為加倉訊號。

★ 獲得支撐後，要配合其他訊號再買進！

Day 16 回測向上跳空窗口處的買點

實戰示例

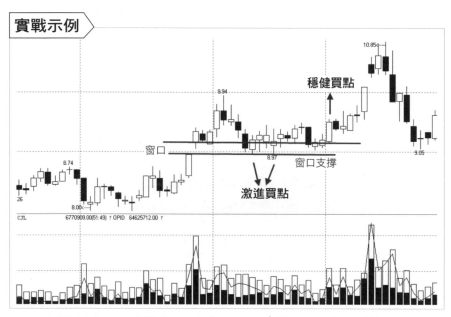

▲ 圖 1-31 ＊ST 中葡（600084）2010 年 8 月至 2010 年 11 月日線圖

型態解析

- 跳空窗口屬於 K 線圖型態中的持續型態。
- 向上跳空窗口不論窗口上限處，還是窗口下限處，都存在向上的支撐。所以當股價向下回補窗口，但受到上限或下限處的支撐時，激進的投資人可以據此買進，若徹底回補了窗口，應當先行平倉停損。
- 穩健的投資人可以在獲得支撐後，再次得到其他方面買進訊號的配合時，再行買進。

如圖 1-31 所示，我們可以將此次向上跳空定義為突破跳空，也可以定義為中繼跳空。從跳空的意義來講，屬於突破跳空窗口；從在該上漲趨勢中所屬的位置來看，屬於中繼跳空窗口。

本次跳空將股價推向上漲趨勢中新的階段，在跳空前一日，股價以漲停板收盤。從成交量上來看，該日的成交量較之前的高點成交量明顯放大，由此看來，本次上漲對於後市有十分重要和積極的作用，預示上漲動力在凝聚後終將爆發。次日的向上跳空，成交量方面幾乎有著成倍的增長，顯示市場積極向上的樂觀情緒，看漲欲望高漲。當一個跳空形成時，在該跳空窗口處出現的成交量越大，它就越重要，對此後股價形成的支撐也將更強烈。後續走勢回測該跳空窗口時，也得到驗證。

從日線上看，與小時線有所不同，自 2010 年 10 月 14 日，股價開始回測該跳空窗口下限處的支撐，其後四個交易日內，反覆試探該向上跳空窗口下限的支撐。但每日均以陽線收盤，留下長長的下影線，下影線則反映該處對於股價的強勁支撐。當股價遇到支撐時，便向上反彈，且彈性很強。跳空窗口的成交量越重，形成的買點越可靠，所以此處便可作為相對可靠的回測買點。

盤面解析

如圖 1-32 所示，2010 年 7 月 2 日股價展開上漲後，在 8 月 10 日形成短期高點，此後股價便進行近三十個交易日的震盪整理。9 月 28 日開盤，股價向上跳空，與前一日的最高點形成跳空窗口，該跳空向上一舉突破所有阻力。此跳空窗口的意義非常重大，它是經過三十個交易日震盪積累之後的結果。它的出現不是偶然的，前一個交易日已經打下基礎，以漲停收盤。這一日的跳空，只不過是延續前期的上漲動力而已。

跳空出現後成交量也積極配合，此後股價經過短期的橫向震盪，對該跳空進行整理，將股價維持在跳空窗口之上。整理陣地之

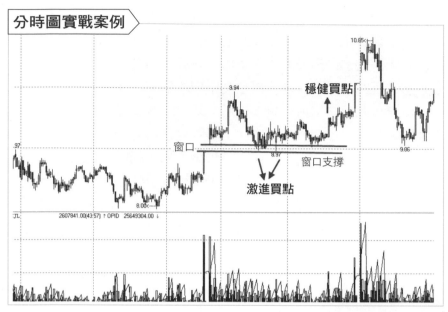

▲ 圖 1-32　*ST 中葡（600084）分時圖

後股價再次向上急拉，我們將該次跳空定義為突破跳空也不為過。

　　可以發現在跳空形成的前一日，股價以漲停板收盤，由於漲幅限制，並未突破震盪區間前方高點處的壓力。該次跳空直接向上突破前高的水平壓制，此後的股價在向上急拉後，出現向下整理。該次整理突破向上跳空窗口的上限，並在下限處獲得支撐，完全填補這個跳空窗口。從分時圖中可以看出，股價曾經在該跳空窗口的下限處，反覆試探均未能向下回補窗口，顯示出該窗口下限處的支撐力極強。

　　在窗口的下限處也形成一組平頭底部型態，激進的投資人可以在此處嘗試性買入。在買入之後，一旦股價向下回補窗口後繼續下行，表示窗口支撐被打破，應當停損離場。穩健的投資人可以在該平頭底部型態獲得驗證時，再行建立多頭部位。10 月 28 日開盤後，股價再次向窗口試探，確認獲得支撐後，市場回歸到上升趨勢中。

★ 股價再次回補窗口並向上時，買進！

Day 17 回補原下跌趨勢中 向下跳空窗口後的買點

實戰示例

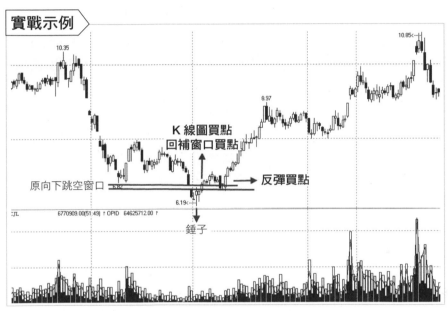

▲ 圖 1-33 　 *ST 中葡（600084）2010 年 3 月至 2010 年 11 月日線圖

型態解析

- 跳空窗口分為突破窗口、中繼窗口和衰竭窗口，若在趨勢中發現衰竭窗口，必然在其下跌一段後出現拐點。股價在經由拐點後，若再次回補該窗口且持續向上，便給出重要的買進訊號。

- 有時可能無法具體分辨出跳空窗口的類別，但可以根據它帶給我們的支撐和壓制，來發現具體的交易訊號。

- 不論它是哪種窗口，一旦被回補並且股價繼續向相反方向運

行，那麼該窗口便失去它的支撐或是壓制作用，重要的點位
失去作用，也就為我們提供了交易訊號。

如圖 1-33 所示，該向下跳空窗口，雖然從趨勢上來看屬於衰
竭性跳空窗口，但多少也具備向下突破的意味。在該向上跳空窗口
出現之前，同樣出現一次對稱三角形的持續型態。2010 年 6 月 29
日，股價向下突破該三角形的下邊，同時突破原下跌趨勢中的下跌
低點，但突破幅度較小。隨後便出現本圖中所講的向下跳空窗口，
但該向下跳空窗口並未引起市場的恐慌，出現的次日，便出現倒錘
子線和錘子線的底部型態。此後倒錘子線和錘子線型態得以驗證，
但股價受到該向下跳空窗口的短期壓制。

直至 2010 年 1 月 6 日，股價向上完全回補向下跳空窗口並向
上突破。如此便構成回補窗口的買點，同時也是對於底部錘子線型
態與倒錘子線型態的進一步驗證。雖然該窗口與其他類型的窗口相
比意義並不大，但在其後的走勢具有支撐作用，回測了回補該窗口
的有效性。2010 年 7 月 19 日，股價向上彈起，構成反彈買點。

盤面解析

如圖 1-34 所示，經由該小時線，可以觀察到在跳空窗口出現
之前的整理，是一組標準的看跌下降三角形的持續型態。6 月 28
日 14 時，股價向下突破該三角形的下邊處。6 月 29 日開盤後股價
順勢下跌，最終以跌停板收盤，並向下突破前下跌趨勢的低點處。

跌停板的出現，往往意味疲弱的市況，是投資人對於市場悲觀
情緒的集中表現，在跌停板後出現的向下跳空也就順理成章。即使
是在這樣的悲觀情緒下，股價出現向下跳空窗口後，市場並未出現
大幅下跌，反而出現底部支撐。

7 月 2 日 13 時股價下降後，收出底部錘子線的反轉型態，在
當日的最後一個小時內，股價便向上驗證該錘子線的反轉。但是在
此後一段時間的交易日內，股價依然受到前期向下跳空窗口下限的

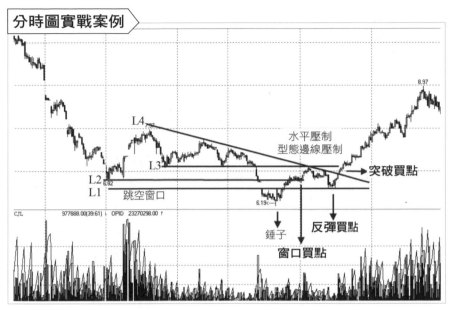

▲ 圖 1-34　*ST 中葡（600084）分時圖

阻力，跌停板引發的跳空，往往比其他情況下的向下跳空窗口顯示出更多壓力。雖然該跳空從圖表中看來是衰竭跳空，但是其壓制作用還是不可忽視的，同樣需要較大的買盤力量，才能夠戰勝這一向下跳空窗口的壓制。

　　7 月 6 日開盤股價在窗口內部顯示出猶豫不決的態度，收盤前向上突破該窗口的壓制，構成突破買點。此後股價對於該窗口的上限處，進行回測並獲得支撐後，向上反彈至前下跌趨勢的下降三角形處的壓制，重新回落，回測向下跳空窗口的下限處，獲得支撐。

　　7 月 16 日 14 時形成回測買點，此後股價一路上行，連續突破前反彈高點及下降三角形下邊線的壓制，繼而向上突破三角形上邊線 L4 的壓制，上升趨勢得以確認。從圖例中可以看到，線 L1、線 L2、線 L3 與線 L4，對股價後期的走勢均具有重要作用。

第 2 章

用 17 種經典 K 線型態，
看出主力下車前的「最佳賣點」

　　俗話說：「會買的是徒弟，會賣的才是師傅」，其引申含義為知道在何時何處買進很容易，而在恰當的時機賣出以獲取最大利潤，或出現損失時使損失降至最低很難。從某個角度來說，做出賣出決定的心理素質，比買進時所需要的心理素質要高很多，這也說明了價格型態賣點的重要性。

　　所幸，技術分析提供了一些經典頂部價格型態，供我們學習、參考和研究。例如頭肩頂、雙重頂、三重頂、圓弧頂等型態，都是常見的頂部反轉型態。還有一些下跌中的持續型態，如果認清它們

★ 股價向下跌破頸線時，賣出！

Day 18　頭肩頂型態的賣點

實戰示例

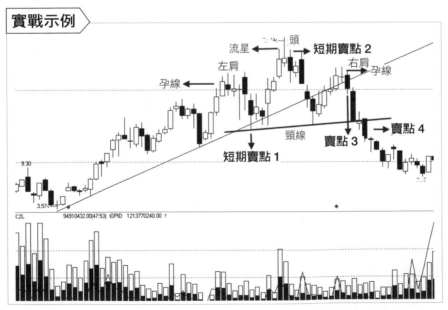

▲ 圖 2-1　浙江醫藥（600216）2007 年 5 月至 2008 年 12 月週線圖

是下跌的持續，也就不會貿然進場，蒙受不必要的損失。本章就價格的頂部反轉型態和持續型態，做進一步講解。

型態解析

- 頭肩頂型態為頂部反轉型態。此型態由三個波峰高點構成，其中中間的波峰略高，為頭肩頂型態的頭部。其他兩個波峰分佈在頭部的兩側，略低於頭部，為頭肩頂型態的左右兩肩，兩肩的高度基本在同一水平位置。
- 三個波峰下方對應著兩個波谷，兩個波谷處連接而成的直線，為頭肩頂型態的頸線，當價格下破該頸線後，頭肩頂型態確認成立。一般情況下，當股價下破頸線後，會出現對於頸線的反彈。
- 此型態在理論上具有預測最小下跌價格位的作用，測量出頭部至頸線的垂直距離，將該距離由股價向下突破頸線後向下映射，為理論上的最小目標下跌位。

由於頂部型態構成的時間，跨度相對較長，所以在此選用週線圖與日線圖對比來講解交易點。

選用週線圖，頂部反轉型態會顯得更加簡單明瞭，更有利於型態的判斷。如圖 2-1 所示，在 2009 年 3 月 7 日當週，股價在前一根陽線實體內部開盤，創出高點後回落收黑，構成頂部反轉孕線型態。回落後，該高點形成頭肩頂的左肩，遇上漲趨勢線支撐上漲，再以流星線型態，構成頭肩頂型態的頭部。回落至前低處，受到支撐後反彈，以十字孕線型態構成右肩型態。

8 月 22 日，頸線宣告突破，完成頭肩頂反轉型態。該圖例中，成交量符合理論頭肩頂的成交量變化，右肩量少於左肩量。股價突破頸線下跌目標，基本上達到理論預測目標的價位，當趨勢線被反覆突破後，已經失去該趨勢線的支撐或壓力意義，所以當價格再次上穿該趨勢線時，不構成買進訊號。

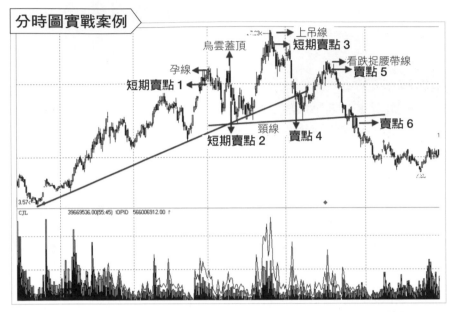

▲ 圖 2-2　浙江醫藥（600216）2007 年 5 月至 2008 年 11 月日線圖

盤面解析

　　如圖 2-2 所示，首先做出一條上升趨勢線，確定該股價處於上升趨勢中。2008 年 3 月 3 日，股價以長陽線突破前高，但次日股價便於陽線實體內部低開，小幅收黑，構成頂部孕線型態。

　　值得我們注意的是，該高點形成之前的每一個高點處，其對應的成交量都是逐漸萎縮的，這說明上漲的動能逐漸減弱。在該高點形成時，成交量進一步萎縮。3 月 5 日股價低開下行，跌破頂部反轉孕線的長陽實體，構成賣點 1。

　　由於股價並未向下突破這條上漲趨勢線，所以此時形成的賣點，都屬於短期賣點，在圖中也有標注。只有下破趨勢線，或是形成各種反轉型態之後，才能構成具有趨勢性的賣點，而該高點為頭肩頂反轉型態的左肩部。3 月 24 日，形成烏雲蓋頂型態，構成賣

點 2。

　　股價在回落中，受到原上漲趨勢線的支撐，轉而向上運行。2008 年 5 月 12 日，股價長陽破高，此處的成交量雖然稍有放大，但比之前趨勢形成時的成交量顯著減少，次日股價便形成上吊線型態。5 月 15 日，股價繼續下行，深深插入前方長陽線的實體，給出上吊線的有效驗證，構成短期賣點 3，股價縮量下行。

　　自上吊線開始，下行的成交量比向上的成交量明顯增加，顯示賣盤力量增加，市場意願已有下跌的傾向，當股價跌破上升趨勢線時，構成賣點 4。但其後不久受到前回檔低點的支撐，在左肩水平價格處，以看跌捉腰帶線型態構成右肩。

　　7 月 23 日，股價跌破看跌捉腰帶線型態的低點，構成賣點 5。接著再次下跌，跌破原上漲趨勢線，由於該趨勢線被反覆擊穿，已失去其指導意義。8 月 18 日，跌破兩個谷底的連線，也就是擊穿了頸線，確認完成頭肩頂反轉型態，形成最重要的賣點，為賣點 6。該賣點的形成，預示著市場已經進入趨勢性下跌階段。理論上最小下跌目標價位，為自突破頸線處，減掉頭部至頸線的垂直距離。

Day 19 三重頂型態的賣點

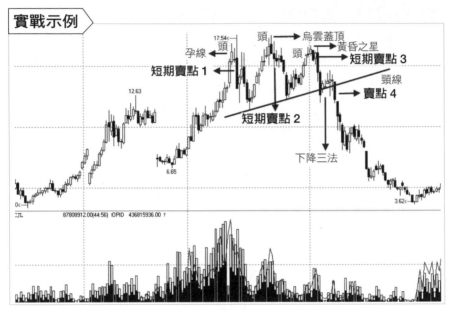

▲ 圖2-3 生益科技（600183）2005年7月至2008年12月週線圖

型態解析

- 三重頂型態為頂部反轉型態。此型態有三個顯著波峰，與頭肩頂型態不同的是，三個波峰基本上處於同一水平位置。

- 三個波峰相對應的兩個波谷的連線，為三重頂型態的頸線，當股價向下擊穿該頸線時，確認三重頂型態徹底形成。一般情況下，會出現對頸線的反彈情況。

- 三重頂型態在理論上，可預測向下的最小下跌目標位。先測量出中央頭部至頸線的垂直距離，再由股價向下突破頸線處，向下映射同樣的距離，為理論上最小下跌目標位。

● 三個頭部所對應的成交量，呈現為逐漸萎縮狀態。

如圖 2-3 所示，2007 年 5 月 18 日當週，股價承接上週漲勢繼續上漲，下一週的 K 線與該週形成頂部反轉孕線型態。6 月 1 日當週，股價創出新高後，出現盤中跳水狀況，當股價跌破孕線中陽線實體時，構成賣點 1。

在回檔的底部形成啟明星型態，上升前高處受壓回落，形成烏雲蓋頂型態。股價回落，構成三重頂型態中的第二個頭部，此時的成交量較前一個頭部明顯減少，形成短期賣點 2。股價於回檔低點形成看漲孕線，比起之前的上漲繼續縮量上行，構成三重頂型態的第三個頂時，其對應的成交量較之前兩個頭部更為急劇萎縮。

1 月 25 日當週，股價大幅下跌，跌破前方多根 K 線實體，構成短期賣點 3。股價在頸線處短暫徘徊，最終以下降三法型態完成有效突破，構成具有趨勢性的賣點 4。配合中間的頂部型態，MACD 指標在那時便已出現頂部背離型態，更加印證頭部反轉型態的有效性。

盤面解析

如圖 2-4 所示，2007 年 5 月 29 日，股價向上突破前期高點，創出新高，一切盡在買方的掌握之中。次日股價突然向下跳空低開，在衝高後回落，收成光腳陰線。此日的下跌之前毫無徵兆，也沒有任何頂部反轉型態與之對應，我們只好稱之為無徵兆的反轉，MACD 於此日發生了高位的二次死亡交叉，構成賣點 1。

股價呈現跳水狀態，於低點處形成看漲抱線型態，小幅反彈後，形成短期平頭頂部型態，股價繼續下跌，完成這次整理，此後股價震盪上行。但在此次上漲過程中，比起前一個頂部所對應的成交量，有明顯的萎縮狀況，上漲可靠性值得懷疑。股價在 2008 年 8 月 31 日形成流星型態，雖然此後兩日的股價繼續向上創出新高，但實體部分仍未脫離該流星線的勢力範圍。

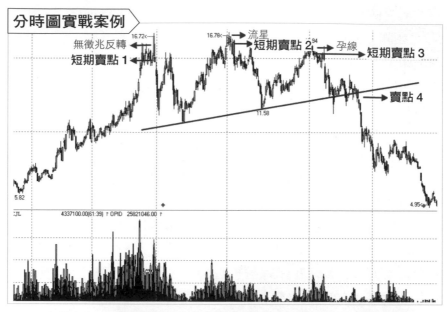

▲ 圖 2-4　生益科技（600183）2006 年 10 月至 2008 年 3 月日線圖

　　股價 9 月 5 日繼續下跌，9 月 7 日的大幅下跌形成流星型態的有效驗證。該陰線插入流星線之前的陽線實體，完成三重頂中的第二個頂部，同時 MACD 指標向下發出死亡交叉訊號，與之前的高點處對應的 MACD 指標，形成頂部背離，給出短期賣點 2。

　　股價此後的下跌，在前一個谷底附近得到支撐，之後再次向上反彈。而與這次上漲所對應的成交量變化，呈現繼續縮減之勢，上漲力量進一步減弱。接近前高時買盤即告衰竭，買方無力將股價進一步推高。在此高點處，2008 年 1 月 3 日與 4 日的兩根 K 線，形成頂部反轉孕線型態。次日股價下跌，跌破頂部反轉孕線整體型態的低點，向下配合以放大的成交量，賣壓突顯構成賣點 3。

　　1 月 10 日股價繼續下跌，MACD 指標再次出現死亡交叉，更加印證賣點 3 的可靠性。當股價繼續向下穿越三重頂型態頸線時，形成具有趨勢性的賣點 4。

Day 20　頭肩頂型態的賣點

實戰示例

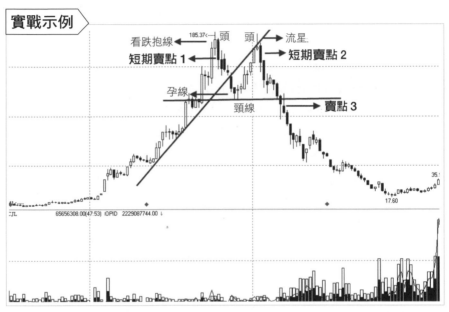

▲ 圖 2-5　中國船舶（600150）2006 年 7 月至 2009 年 1 月週線圖

型態解析

- 雙重頂型態為頂部反轉型態。
- 此型態有兩個明顯的波峰，其高點基本上處於同一水平位置，可以存在偏差，但不能過大。
- 雙重頂的兩個波峰中只對應一個波谷，以波谷低點處畫一條水平的直線，為雙重頂的頸線。當股價向下擊穿頸線後，為最終確認雙重頂型態徹底完成；如果沒有突破頸線，則不可輕易做出型態判斷。是否下破頸線，為檢驗雙重頂型態是否真正成立的唯一標準。

● 測量出頭部到頸線處的水平距離,再將該距離由股價向下突破頸線處向下映射,得出雙重頂部理論上最小下跌目標位。

如圖 2-5 所示,2007 年 10 月 12 日當週,股價承接上一週長陽繼續向上衝高,留下一根相對較長的上影線。該週的高點為歷史新高,但成交量沒能有效放大,下一週的股價僅小幅開高,便向下急挫,呈現跳水狀態。與前一週的陽線構成看跌抱線型態,並且股價深深插入前一根長陽實體,構成短期賣點 1。而成交量也比之前的陽線明顯放大,顯示賣盤壓力沉重。

2007 年 11 月 23 日與 30 日兩週的 K 線,構成底部孕線型態,同時也是一組平頭底部型態。該處價格受到前期上漲的短期高點支撐,再次衝高到趨勢線,達到歷史高價,以流星線收盤,形成頂部反轉型態,次週給出賣點 2。2008 年 2 月 28 日當週,股價放量跌破雙重頂頸線,確認該型態完成,構成重要的趨勢性賣點 3。

盤面解析

如圖 2-6 所示,2007 年 10 月 11 日股價向上創出新高,以中陽線收盤。次日股價低開大幅下跌,尾盤收出一根有長長下影線的小陰線,與前一日的陽線構成頂部反轉孕線型態。2007 年 10 月 15 日,股價放量收黑,插入頂部反轉孕線前方長陽實體內部達一半以上,給出頂部反轉孕線型態的有效驗證,構成短期賣點 1。

在此後的股價下跌中,向下的成交量逐漸放大,表示賣壓動能在逐漸增加。11 月 9 日,股價向下擊穿前期上漲趨勢線後,上漲趨勢終結。直到 2007 年 11 月 23 日,股價以前一根陰線形成看漲吞沒型態,暫時結束這一波段的下跌。11 月 27 日,在看漲抱線型態的低點處,開低走高,形成雙平頭底部型態。

11 月 29 日開高走高,突破底部震盪區間的上限,成交量放大,這是一個短期的買點。股價穩步向上運行,但是在接近前一個高點處受到賣盤強烈壓制,而此價位同時也為原上升趨勢線處,股

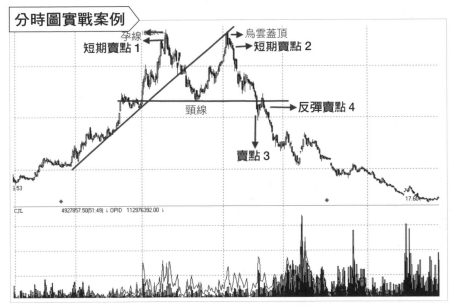

▲ 圖 2-6 中國船舶（600150）2007 年 3 月至 2008 年 10 月日線圖

價在此受到雙重壓制。2008 年 1 月 8 日，開高走低放量收黑，與前一根長陽線形成烏雲蓋頂型態。賣點在此處出現，形成一個強烈反轉訊號，配合以相對較大的成交量，更增加趨勢反轉的可能性。

　　此後股價小幅整理，1 月 15 日開低走低，向下擊穿烏雲蓋頂型態的低點，構成短期賣點 2。2 月 25 日，股價向下跌破兩個波峰之間相對應的波谷低點，此處為雙重頂型態的頸線。當股價向下擊穿此頸線時，確認雙重頂型態徹底完成，構成賣點 3。此後，股價向上反彈該頸線處的壓力位，形成黃昏之星頂部反轉型態。

　　2008 年 3 月 5 日，股價驗證黃昏之星頂部反轉型態，同時驗證頸線壓制的有效性，構成反彈後的賣點 4，也是趨勢反轉後的最後一個最佳賣點。該檔股票的頂部反轉波瀾壯闊，經過雙重頂型態的反轉，股價由 185.37 元直線下跌至 17.60 元，堪稱經典（本書所有金額皆指人民幣）。

★ 股價跌破前期下跌低點，賣出！

Day 21 圓弧頂型態的賣點

實戰示例

▲ 圖 2-7　太極集團（600129）2010 年 6 月至 2011 年 8 月週線圖

型態解析

- 圓弧頂型態為頂部反轉型態。

- 此型態幾乎沒有明顯的波峰高點，股價先上後下所形成的頂部型態呈圓弧形，股價運行平滑，所以稱為圓弧頂部。

- 相對於其他頂部反轉型態，此型態沒有頸線，反轉過程平滑，角度不明顯，通常以向上穿越前期的下跌處為賣點。

- 圓弧頂型態的規模越大，其反轉力量越強。此型態一般來說很難出現，但一旦出現，其成功率與反轉力量都非常大。

- 在後半段上漲過程中，成交量是按照圓弧頂部的型態而演化的。當股價處在上漲過程中，其成交量逐漸增加，至型態中

部為成交量最大處，隨著股價的下跌，成交量逐漸萎縮。

如圖 2-7 所示，2010 年 9 月 3 日當週，股價以長陽線報收，漲幅達 23.78%。當週便以光頭陽線收盤，顯示上漲之強勁，將股價推至頂部區域。下一週股價雖低開小幅收陽，但留下長長的下影線。當週股價較前一週成交量成倍增長，顯示市場在此區域內，買賣雙方意見分歧極大。在此後的幾週當中，股價雖每週都小幅破高，但均未能收到當週高點之上。

2010 年 11 月 19 日當週，股價放巨量破高，但以長長的上影線和極短的實體結束了當週行情，此後股價縮量下跌，構成圓弧頂型態。2010 年 12 月 31 日當週，股價向下跌破圓弧頂這一震盪區間的低點，驗證型態形成。在股市中，圓弧頂型態是極其罕見的頂部反轉型態。本圖例中圓弧頂型態成交量的變化，基本上符合理論上的要求。當股價跌破支撐線時，市場多空雙方對下跌達成一致，此後股價在下跌過程中，持續縮量狀態。

盤面解析

如圖 2-8 所示，2010 年 9 月 2 日，股價以漲停板收盤，突破前高。次日股價繼續放量，開高走高，再度以漲停板收盤，將股價逐步推向前高的區域。2010 年 9 月 6 日，股價沒有承接昨日的漲勢繼續上漲，反而開低走低，將昨日漲勢完全吞沒，甚至回補向上跳空窗口。這一日，市場表現出偏激狀態，而此後股價也並未隨之下跌，反而繼續向上推高。在此後的階段，股價突破新高便急速回落，回探此區域的低點，顯示市場情緒已經失控。

在此階段，股價僅在較高的區域內反覆震盪，與持續型態不同的是，它不斷向上突破創出新高，來引誘買方接盤。但股價最終都沒有收在高位處，繼而下跌但跌幅不大，遇支撐便向上反彈，一旦稍稍突破新高便即拉回。此處再配合成交量方面來看，成交量明顯放大，說明投交積極。

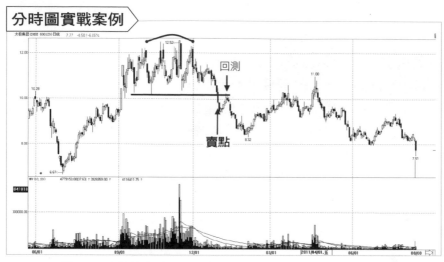

▲ 圖 2-8　太極集團（600129）2010 年 6 月至 2011 年 8 月日線圖

　　如果這是在一波上漲的行情中，成交量不斷放大，那麼我們可以放心持有。但此時是在高位橫盤震盪區間，成交量便開始放大，甚至大於前期上漲的成交量，因此，此處必定為主力出貨處。

　　所以一旦遇到震盪盤整期間，成交量明顯大於行情的成交量時，不可盲目參與。持倉者應立即賣出手中的股票，離場觀望；持幣者更應當遠離此行情，尋找其他的買入機會。

　　圓弧頂的前半段，與頂部擴大三角形屬於同一性質，均有逐步向上的高點。不同之處在於，它沒有逐漸降低的谷底。2010 年 11 月 16 日，股價再度大幅拉升以漲停板收盤，形成近期震盪區間內部的新高點。長陽次日開低走低，以光頭光腳放量跌停收盤，不僅完全吞沒上一交易日的漲停幅度，並且收盤價低於上一交易日最低點，兩日的走勢確定圓弧頂的高點。

　　此後股價由反彈的高點開始逐漸下降，於 2010 年 12 月 27 日跌破該震盪區間的低點，徹底擺脫圓弧頂的震盪走勢，確定下跌趨勢的形成，構成賣點。

★ 股價跌破處在邊線 3/4 內，賣出！

Day 22 看跌對稱三角形型態的賣點

實戰示例

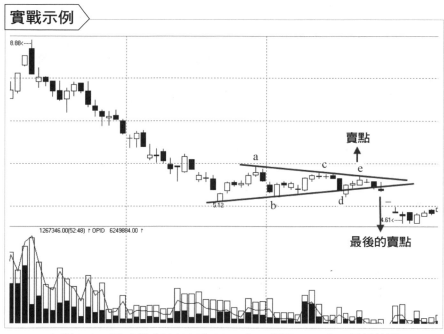

▲ 圖 2-9　ST 金泰（600385）2010 年 4 月至 2010 年 7 月日線圖

型態解析

- 看跌對稱三角形型態為跌勢中的持續型態，指在下跌行情之後的中繼盤整結束後，股價將沿原下跌趨勢繼續下跌。

- 對稱三角形的內部，通常由上下五次的震盪走勢完成，且震盪幅度越來越小，呈現逐漸收斂的型態。將這五波走勢的高點相連、低點相連得到兩條邊線。這兩條邊線看起來像等腰三角形，所以該型態稱為對稱三角形。

- 在最後的震盪運行結束之後，股價會向下突破邊線，突破處應在邊線的四分之三處之內。如果在邊線的四分之三處之外突破，則該型態將失去指導意義。

- 測量出形成對稱三角形之始高低之間的垂直距離，將這段距離在突破下邊線處向下映射出去，能得出看跌對稱三角形型態理論上的最小下跌距離。

如圖 2-9 所示，2010 年 5 月 21 日，股價開低走高以看漲捉腰帶線，形成該對稱三角形的第一個轉捩點。2010 年 6 月 2 日，股價自反彈低點以看漲抱線型態，構成下邊處的第二個轉捩點，兩個折點連接成下邊線。2010 年 5 月 28 日，股價以流星型態形成反彈高點，構成上方的第一個轉捩點。

2010 年 6 月 10 日，以頂部孕線型態形成第二個轉捩點，兩點連接成為上邊線。該三角形從形成到突破運行僅一個月，三角形內部呈現完整的五波震盪走勢。2010 年 6 月 30 日股價以跌停的極端方式，向下突破該三角形的下邊線，完成三角形型態的確認。

盤面解析

如圖 2-10 所示，股價於 2010 年 5 月 21 日大幅跳空低開，以看漲捉腰帶線收盤。此後股價向上關閉窗口，繼續向上運行，以頂部孕線型態結束該次反彈，確定下方的第一個轉捩點。當股價回落後，在 6 月 2 日開盤的第一個小時內，股價以看漲孕線型態，結束此次回檔向上反彈。在接近前高處，以烏雲蓋頂型態結束這次反彈，向下回落，確定上方的第二個轉捩點。

連接這兩個低點，形成該型態的下邊線。當此次股價向下回檔後，由此高點與前高點連結，形成該型態的上邊線，構成對稱三角形型態的初步輪廓。

值得注意的是，2010 年 6 月 21 日股價呈向下跳低開盤，開盤價位於該三角形型態的下邊線之下。經過小幅上漲後，便回升至三

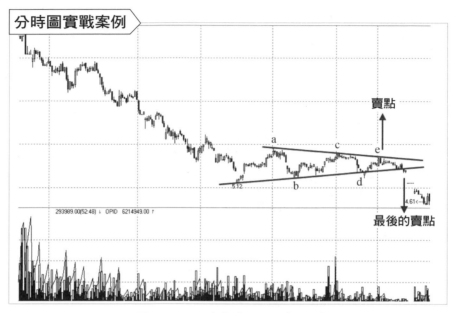

▲ 圖 2-10　ST 金泰（600385）分時圖

角形區域之內，所以我們認為這一次的突破為暫時性的假突破，也就是趨勢線理論中所講到的「毛刺現象」。根據盤面的實際情況及該下邊線支撐的有效性，對於下邊線並不再次糾正，也就是不再畫出另一條涵蓋毛刺的下邊線。將該三角形的下邊線延長，可以發現其對後勢股價的走勢依然形成壓制。

　　在股價最後一次反彈至上邊線時，形成看跌孕線型態。該高點低於前兩個反彈高點，並受到上邊線的壓制，根據對稱三角形的理論，該點處為最後一波震盪走勢。此時激進的交易者可以賣出，在該三角形區域內，成交量給予有效配合。可以發現，當股價向上運行時，成交量相對放大；向下運行時，成交量相對萎縮。

　　2010 年 6 月 28 日股價向下突破該三角形的下邊線，14 時股價曾向上回測該型態的下邊線，而後回落，驗證本次突破的有效性，這是該型態最後的賣點。次日股價以跌停開盤，全天收於跌停處。

Day 23 看跌上升三角形型態的賣點

實戰示例

▲ 圖 2-11　浦發銀行（600000）2011 年 4 月至 2011 年 8 月日線圖

型態解析

- 看跌上升三角形型態為跌勢中的持續型態。該型態是指在下跌行情之後的中繼盤整結束後，股價將沿原下跌趨勢繼續下跌。

- 它的內部同樣會出現五次上下震盪的走勢，震盪幅度也同樣越來越小，呈現逐漸收斂的型態。但我們將五波走勢的高點相連、低點相連，會發現下邊線傾斜向上，上邊線卻是一條近似於水平的直線。在這段震盪走勢中，高點持平而低點不斷上升，所以稱為上升三角形型態。

- 在最後的震盪運行結束後，股價會向下突破邊線，突破處應在邊線的四分之三處之內。如果在邊線的四分之三處之外突破，則該型態失去指導意義。
- 測量出形成對稱三角形之始的高低之間的垂直距離，將這段距離在突破下邊線處向下映射出去，能得出看跌上升三角形型態理論上的最小下跌距離。

如圖 2-11 所示，在該型態之前為一段清晰可見的下跌趨勢。2011 年 6 月 23 日，股價向下探出新低，以陽線收盤，與之前的陰線形成看漲吞沒型態。次日股價便大幅向上反彈，次日的反彈高點確定該上升三角形的上邊線。此後股價在上邊線處受到壓制，底部呈震盪向上運行趨勢，底點逐步抬高，上升三角形的初步輪廓形成。在股價向三角形的上邊線運行過程中，成交量沒有顯著變化。2011 年 7 月 19 日，股價直接在下邊線之下開盤，開低走低，驗證該型態形成，形成型態賣點。

盤面解析

如圖 2-12 所示，分時圖與日線圖的區別在於，小時線通常會提前發出買進或賣出訊號。6 月 23 日，日線表現為看漲吞沒型態，而在小時線中，開盤即形成標準的錘子線底部反轉型態，率先形成看漲訊號。股價於當日收盤時，驗證錘子線底部反轉型態。該錘子線的低點為上升三角形的下邊處第一個轉捩點，經過前兩日的反彈，股價於 6 月 27 日開盤到達該型態的高點。

下　個交易口股價開高走低，與前方 K 線形成看跌吞沒型態，股價再度回落，該高點為上升三角形的上方處的第一個轉捩點。7 月 1 日 14 時，股價再次形成底部錘子線型態，預示次日股價有上漲可能。次日股價上漲後，上邊線處再次受到壓制，再次回落。

股價在此後的運行過程中，沿著上升三角形下邊線處，底部低點依次向上抬高。我們還可以發現，雖然股價處於橫向震盪走勢，

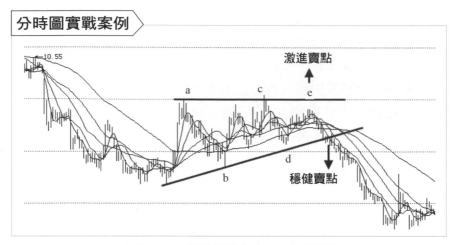

分時圖實戰案例

▲ 圖 2-12　浦發銀行（600000）分時圖

但每逢低點，基本上都會出現底部反轉型態，而在區間的高點處，都會出現頂部反轉型態。當股價向頂端做最後的運行過程中，成交量逐漸縮小，此區間股價的最後一個高點無力達到上升三角形型態的上邊線處，這在價格型態中也表現出股價趨弱的跡象。

　　而在該震盪區間，移動平均線可以說毫無規則，上下穿叉黏合，沒有任何提示作用。但在最後一次的波動時，股價向下穿越所有的移動平均線，同時各條移動平均線向下發散，也提供股價即將走弱的跡象。

　　7 月 19 日開盤，股價開低走低，向下跌破該上升三角形下邊線的支撐，徹底確認該型態成立，給出賣點。7 月 20 日，股價在開高回測下邊線時，受到上邊線的壓制回落，進一步驗證該三角形型態確已成功突破，預示新的下跌趨勢已然開始。

　　在三角形最小下跌目標價格的預測方面，股價在此後的下跌中，達到理論預測低點時，表現為易漲難跌的橫向震盪走勢。8 月 5 日，股價再次向下跳空低開，再次進入下跌趨勢。

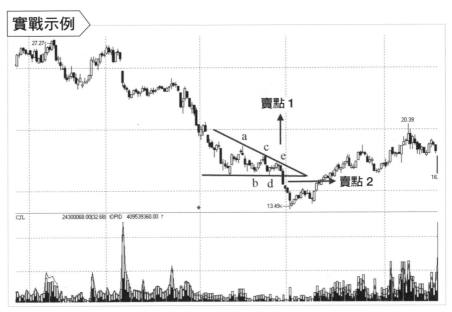

▲ 圖 2-13　東北製藥（000597）2010 年 1 月至 2010 年 9 月日線圖

型態解析

- 看跌下降三角形型態為跌勢中的持續型態。

- 該型態是指在下跌行情之後的中繼盤整結束後，股價將沿下跌趨勢繼續下跌。它是看跌對稱三角形型態的一種變體，內部同樣會出現五次上下震盪的走勢，震盪的幅度也同樣會越來越小，呈現逐漸收斂的型態。

- 將五波走勢的高點相連、低點相連，會發現上邊線傾斜向下，但下邊線卻是一條近似水平的直線。在這段震盪走勢中，低點持平而高點不斷下降，所以稱為下降三角形型態。

- 在最後的震盪運行結束之後，股價會向下突破邊線，突破處應在邊線的四分之三處之內。如果在邊線的四分之三處外突破，則該型態失去指導意義。
- 測量出形成對稱三角形之始的高低之間的垂直距離，將這段距離在突破下邊線處向下映射出去，能得出看跌下降三角形型態理論上的最小下跌距離。

圖 2-13 為一個標準的看跌下降三角形型態，2010 年 5 月 21 日股價的開低走高，幾乎吞沒前方倒錘子線的實體，極易引起投資人貿然看漲的心理。股價隨後以流星線下跌，之後頂部逐漸降低，跌至與前期低點，形成看跌下降三角形的初步輪廓。

無論該型態是在下跌趨勢還是上漲趨勢中出現，由於型態規模較小，我們均視為持續型態，股價將按照型態形成之前的原趨勢繼續運行。之前下跌並不是沒有賣點出現，但由於本書主要講解型態，所以不再討論前期賣點，只討論目前型態中所提供的賣點，在股價下破下邊線後，為價格型態中所給出的最佳賣點。

盤面解析

如圖 2-14 所示，圖中的下降三角形型態，由於時間跨度比較短，與日線級別中的下降三角形型態，基本上沒有太大出入。分時圖的優勢，是為短線操作者提供入場及出場的最佳時機。但是在趨勢線中，我們再三強調當股價處於下跌行情時，不要輕易嘗試買進，除非具有相當大的跌幅，並且預計會出現較大的反彈行情。

而在下降趨勢中的買入往往得不償失，利潤相對較小，承擔的風險卻很大。 當風險大於利潤時，報償比失衡，所以最好的操作方法便是觀望。由圖可見股價在 5 月 21 日開盤後，呈跳空低開穩步向上的態勢，當日便回補原向下跳空窗口。

而真正的買進訊號，在回補跳空窗口之後出現，此時股價為 16.96 元。隨後出現反彈高點，最高價為 18.64 元，當確認反彈高

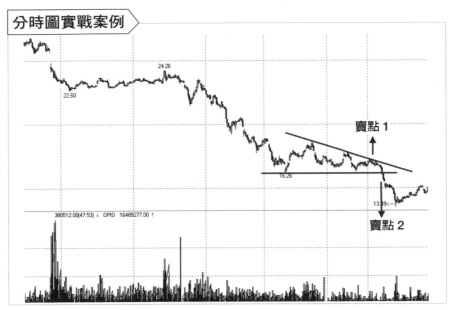

▲ 圖 2-14　東北製藥（000597）分時圖

點之後出現賣點，此時股價為 17.91 元，利潤相當微薄。所以在下跌趨勢中，盲目抓反彈的利潤，是相當危險的行為。

　　此後股價在反彈過程中，高點逐級下降，說明股市仍處於弱勢。5 月 21 日的低點與 6 月 21 日的低點，連接而成的水平支撐構成該三角形的下邊線；而逐級下降的兩個高點連線，構成該型態的上邊線。當股價在此區域內，未突破上下邊線時，我們應該持最謹慎的態度。配合成交量方面，股價在每一次向上的過程中，成交量均不能有效放大。從這個層面可以看出市場缺少向上的動能，而是遵循原有趨勢，股價向下的突破機率在增加。

　　其實在實際操作當中，圖中所揭示的上邊線處賣點，不具備實際意義，這是理論上的賣點。6 月 29 日股價向下突破該型態的下邊線處時，確認該型態的有效性。下降中的持續型態，對短線投資人而言，有一定的參考價值。

★ 最後一浪被上邊線壓制時，賣出！

Day 25　看跌擴大三角形型態的賣點

實戰示例

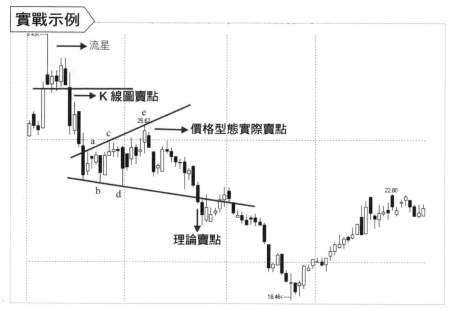

▲ 圖 2-15　老鳳祥（600612）2010 年 3 月至 2010 年 7 月日線圖

型態解析

- 看跌擴大三角形型態為跌勢中的持續型態。該型態是指下跌
  行情之後的中繼盤整結束後，股價將沿下跌趨勢繼續下跌。

- 此型態是對稱三角形的一種變體，內部同樣也有五浪震盪走
  勢，但不同的是，其震盪幅度越來越大。將它的高點相連、
  低點相連，會發現上邊線向上傾斜，下邊線向下傾斜，兩條
  邊線呈現擴大的狀態，所以稱此型態為擴大三角形型態。

- 如果按照其他內斂型態的方法，來設置擴大三角的賣點，

投資人將失去很多利潤。所以根據其特性，當擴大三角形內部出現五浪結構，並且最後一浪被上邊線壓制住的時候，便可將其賣出。

如圖 2-15 所示，圖中的看跌擴大三角形，內部走出了標準的五浪型態。擴大三角形型態不論出現在上漲還是下跌過程，其形成的過程是一致的。只不過在上漲過程中，是為了更有利於重新吸籌與洗盤；而在下跌過程中，是為了更順利賣出。該型態內部第三個波峰處，也就是第 e 浪處為實際賣點，而當股價向下突破該型態的下邊線時，為確認賣點。

股價向下突破下邊線後，曾對下邊線進行反彈，但受到來自水平方向低點的壓制，無功而返，繼續下跌。在該型態之前，是一段清晰可見的下跌趨勢，其頂點由流星線確定，在下破流星線左側的向上跳空窗口後，為本次下跌趨勢的第一處賣點。

盤面解析

如圖 2-16 所示，11 月 5 日股價向上突破新高，隨後又快速向下回落，留下一根長長的上影線。該型態顯示出上方的賣盤壓力極為沉重，市場的頂部可能就此形成。在其後股價雖然小幅上揚，穿越該流星線的實體，但都未能擺脫流星線的控制。11 月 11 日收盤前，股價高台跳水，收出一根長長的陰線，吞沒之前的數根 K 線圖的實體，並且回補之前的向上跳空窗口，形成流星線的驗證，是本次下跌趨勢的第一處賣點。

而本圖所示的看跌擴大三角形型態，便是在這樣的背景下形成的。股價在確認下跌後，並沒有完全脫離頂部震盪區間，這也是對主力機構有利的情況。在股票市場當中，該型態的形成應該是由主力完全操控的，依靠散戶的力量，是無法促成股價如此上下寬幅的震盪。

在該型態中，股價兩次向上突破前反彈高點，其實是主力想達

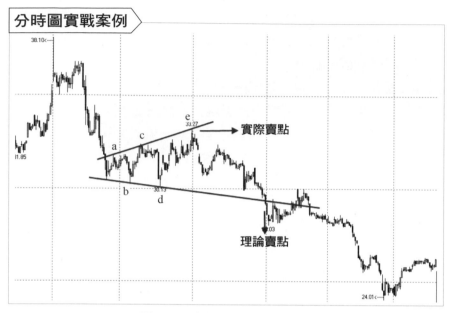

▲ 圖 2-16　老鳳祥（600612）分時圖

到混淆視聽的目的。一般情況下，投資人會按照技術分析的趨勢理論操作，在突破前高時買進，在跌破前低時賣出，正是這一普遍的大眾心理，以至於主力在震盪過程中賣出打壓的目的得以實現。

當股價突破前高，眾多散戶開始跟進時，主力開始賣出打壓。而當股價下破前低，眾多散戶開始受驚拋售時，股價再次拉升，給市場注射一針強心劑，使散戶不會輕易拋出手中的股票，主力正是利用散戶這種貪婪與恐懼進行套利。

在本型態運行之中，股價的波峰與波谷被不斷刷新，顯示市場已然失控，其實這是主力對散戶的一場心理戰。12 月 14 日開盤後，成交量較之前極度萎縮，無力達到前高水準，轉而向下，此時主力已經大致完成賣出的主要過程。依據波浪理論，我們可以將 12 月 7 日的高點作為最佳的拋售點，而在 12 月 23 日下破下邊線時，作為理論上確認該型態已經完成的賣點，是最後的逃命時機。

★ 五浪結束且跌破下邊線時，賣出！

Day 26　看跌矩形型態的賣點

實戰示例

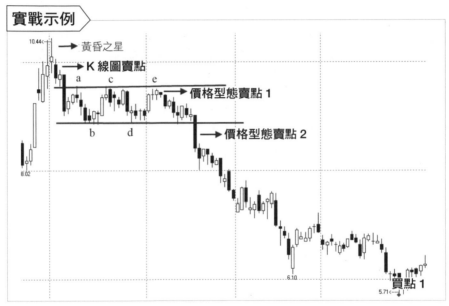

▲ 圖 2-17　五洲交通（600368）2010 年 3 月至 2010 年 7 月日線圖

型態解析

- 看跌矩形型態為跌勢中的持續型態，該型態是指在下跌行情之後的中繼盤整結束後，股價將沿下跌趨勢繼續下跌。

- 其內部具有五浪震盪走勢，並且理論上震盪幅度相同。我們將它的高點相連、低點相連之後發現，上邊線與下邊線分別為兩條平行的水平直線，整體震盪走勢類似於矩形，所以稱之為看跌矩形型態。

- 當兩條平行邊線內部的五浪走勢結束後，股價向下穿越下邊

線，矩形型態徹底完成，在突破其下邊線時，為最佳賣點。

● 通常股價在下邊線進行反彈，反彈後在上邊線獲得壓制，則為該型態的最後賣點。

如圖 2-17 所示，如果在市場中遇到的持續型態為矩形型態，那麼你很幸運地找到走勢最規矩的一種持續型態。圖中首先出現的是黃昏之星，對於後勢給出黃昏之星的有效驗證，已經給後勢留下很大隱患。

再看流星線那長長的上影線，說明市場已經處於風口浪尖上，極度危險，當其後的陰線插入前方的陽線實體後，構成了本下跌趨勢中第 1 賣點，也是最佳賣點。股價大幅跳水後，便進入橫向震盪階段，此型態為急劇下跌後的持續整理型態，該矩形內部出現五浪的標準走勢，在最後的波峰處，也就是第 e 浪時，為價格型態中的最佳賣點。

有先見的投資人可在此處將手中的持倉賣出，當股價下破下邊線時，驗證該型態有效，確認了型態的看跌意義，為第 2 賣點。

盤面解析

如圖 2-18 所示，不知道大家是否見過瀑布之上的蓄水潭，矩形型態便如同蓄水潭一般。在趨勢反轉之初，股價以極快的速度和極陡的角度向下傾瀉，注入其後橫盤震盪的矩形型態之中，當潭滿後，便是潭水外溢之時，此潭容量越大，其外溢之勢便越強。

在本圖的小時線中，頂部出現一組流星線之後，在隨後的向上高點處，以看跌抱線型態形成頂部，同時也構成一組平頭頂部型態，其後股價便進入短期下跌趨勢。當股價下跌至前方向上跳空窗口處得到支撐，此時的股價介於窗口與前方下跌低點的壓制與支撐之間，開始橫向震盪。

該股的支撐導致股價雖然下跌，但尚無法確定趨勢已反轉，在該區域內矩形的下邊線處，必然積累極大買盤。尤其是在該區域底

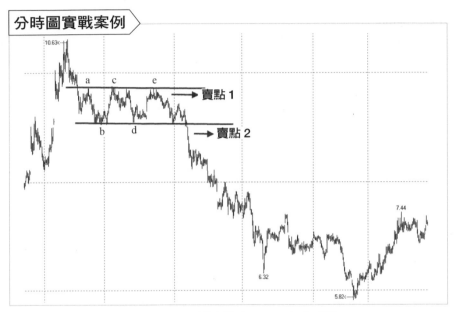

▲ 圖 2-18　五洲交通（600368）分時圖

部形成的過程中，形成平頭底部型態，說明在此處對於股價的支撐力量是極強的。

　　在震盪過程中，成交量處於萎縮狀態，顯示眾多交易者持觀望態度，交投並不積極。如果在可以做空的市場中，該趨勢便屬於下跌的蓄勢過程。任何價格的反轉型態或持續型態，與波浪理論的體系是自洽的。該型態中，表現為波浪理論的持續型態整理浪中的標準五浪走勢。在該型態的最後高點，也就是第 e 浪處，便是價格型態給出的最佳賣點。

　　經過一段時間的動態平衡之後，股價在最後一浪高點處。便有如千仞山之上的轉動圓石，這是下跌之勢，其後的下跌便勢在必行。同時我們可以觀察到，在震盪的最後波峰之後，股價呈逐級下跌狀態。4 月 19 日跌破下邊線後，確認該型態的有效性，加速跳水。

Day 27 看跌旗形型態的賣點

實戰示例

▲ 圖 2-19　保利地產（600048）2009 年 10 月至 2010 年 6 月日線圖

型態解析

- 看跌旗形型態為跌勢中的持續型態，該型態是指在下跌行情之後的中繼盤整結束後，股價將沿下跌趨勢繼續下跌。

- 這是看跌矩形型態的一種變體，內部同樣會有五浪震盪的走勢。它與看跌矩形唯一不同的是，其兩條邊線平行向上傾斜，其他都與看漲矩形型態相同。

- 股價在兩條平行邊線內部的五浪走勢結束，且向下穿越下邊線後，看跌旗形型態徹底完成，在突破下邊線時，為最佳賣點。

如圖 2-19 所示，本圖中股價形成短期向上傾斜的整理型態，由兩個向上的高點和兩個向上的低點，分別連接而成的兩條平行線，對股價形成支撐與壓制作用。從圖例中可見，在股價達到上邊線處時獲得壓制，轉而向下；在股價達到下邊線處時，獲得支撐，轉而向上。這便構成看跌旗形型態，該型態是市場的持續型態，出現在下降趨勢中，預示後勢將繼承型態發生之前的跌勢。本圖例中的旗形執行時間，比理論上的旗形執行時間要長，但不影響型態作用的發揮。

在該運行區間內，每逢下邊線遇支撐，K 線便表現出底部反轉型態，在上邊線遇阻時，會表現出頂部反轉型態。2010 年 4 月 2 日，股價運行至上邊線處，形成黃昏之星型態，可以看出本型態中的下跌較之前更為強勁，且成交量有所放大。在此後向下突破下邊線時，成交量持續放大。2010 年 4 月 8 日突破下邊線，確認型態完成，形成價格型態的賣點。

盤面解析

如圖 2-20 所示，該看跌旗形每一次上漲或下跌均清晰明瞭，本型態上漲速度相對緩慢，角度也極盡平滑。我們可以拿該型態的向上震盪走勢，與下跌趨勢做比較。在主趨勢為上漲或下跌的情況下，股價運行的時間短，但速度快、幅度大，如果僅僅是一次回檔或反彈走勢，股價通常運行的時間跨度長，波動幅度較小。

孫子曰：「勢如曠弩，節如發機。」震盪走勢是醞釀的過程，就像緩慢地拉開弓弦，這個過程是凝重穩健的。當勢已成，蓄勢已久，其發必速，上漲或下跌就像是離了弦的弓箭一樣，在最短的時間內，以最大的力量穿越。所以拋開所有的技術分析手段，只靠肉眼觀察，便可以從價格波動的幅度、角度和速度。

看漲旗形型態的回檔角度是向下的，看跌旗形型態的反彈角度是向上的，這是旗形的規則。只要先收回拳頭，積累的反向能量越

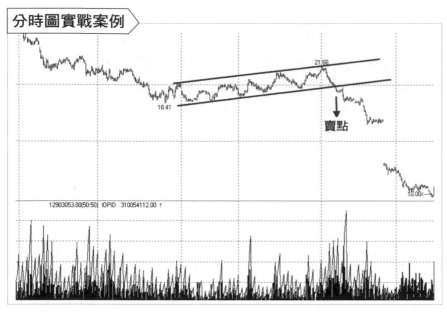

分時圖實戰案例

▲ 圖 2-20　保利地產（600048）分時圖

大，向外打出的力量才會更強，所以旗形整理型態的角度，都與主
要趨勢的方向相反。

　　在該旗形大部分執行時間裡，向上邊處運行時成交量是擴大
的，而向下邊處運行時成交量是萎縮的。而股價在運行至最後一個
頂點處時，向上的成交量有所減少，形成跳空的頂部十字星線。

　　十字星線的內在含義為多空雙方力量均衡，市場處於膠著狀
態。在市場的高位出現十字星線，則看漲動能不足，配合成交量的
縮減，更增加此擔憂。在其後對十字星的驗證過程當中，股價開始
放量收黑，且在此次向下過程中，成交量一反常態，比之前下跌過
程中的成交量有明顯放大，甚至高於之前上漲過程中的成交量，這
說明向下的賣盤力量明顯增加。4 月 7 日開盤價便向下突破旗形的
下邊線，確立價格型態給出的最佳賣點。

Day 28　看跌楔形型態的賣點

實戰示例

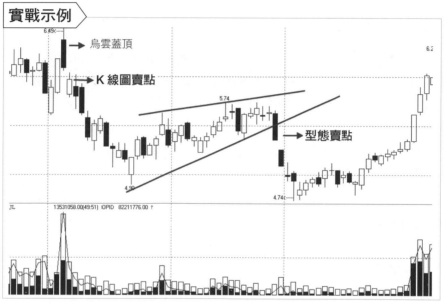

▲ 圖 2-21　ST 安彩高科（600207）2010 年 4 月至 2010 年 7 月日線圖

型態解析

- 看跌楔形是下跌中繼的持續型態。
- 該型態是看跌旗形型態的一種變體，它與旗形型態內部的走勢一樣，內部都存在震盪五浪的走勢。
- 與旗形型態不同的是，其震盪的方向雖然向上，但幅度卻越來越小。將震盪走勢的高點相連、低點相連，形成兩條邊線。這兩條邊線都向上傾斜，但卻逐漸內斂，可以相交。
- 當股價五浪震盪走勢結束，向下穿越下邊線時，確認該型態真正形成，並給出價格型態的賣點。一般情況下，都會

存在對下邊線的反彈，所以股價被下邊線再次壓制向下時，為最後的逃亡點，也同時驗證該價格型態的可靠性。

● 楔形型態隨著出現位置不同，肩負不同使命，它還可以成為底部反轉型態。但作為持續型態，其運行角度與原下跌趨勢的方向相反。而作為底部反轉型態之時，它的運行角度是與原下跌趨勢相同。

如圖 2-21 所示，該型態之前為小幅下跌的走勢。2010 年 5 月 21 日股價大幅低開，與前一根陰線形成看漲約會線型態，構成短期的底部。此後股價震盪上行，由依次上升的高點和低點，構成看跌楔形型態。該型態為下跌趨勢中的持續型態，股價於 2010 年 6 月 29 日，以長黑向下突破下降楔形的下邊線，當日跌幅對突破做出驗證，次日股價跳空開低走低，形成賣點。

盤面解析

如圖 2-22 所示，價格型態的優點在於撥開迷霧見青天，當一個紛繁複雜的走勢出現在你面前，可以應用趨勢線將其歸納總結，只要運行得法，一個清晰的價格型態走勢就會出現在你面前。若掌握多種技術分析方法，就可以從本圖例的小時線中看出本型態的震盪走勢，不論漲跌，其內部都是三浪結構。將各高點相連、各低點相連，便能勾勒出基本的型態輪廓。

不論表象如何繁雜，層層剝開後，其內在規律和真實面目，通常都是極簡單明瞭的。唯一需要的是有一雙慧眼，慧眼如何練成？這需要大量的經驗和技術功底。

體系越小則越混沌，體系越大則越有序。如果你只著眼於眼前極小範圍的價格波動，被這些微小的波動所迷惑，你的交易也必然陷於混沌。若將眼光放寬一些，更長週期的圖表會映入你的眼簾，其價格走勢也必然會趨於有序，你的交易也會變得有序。

當身處迷局，無所適從時，最好不要被行情牽著鼻子走。此

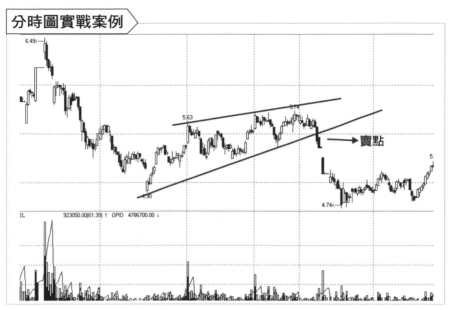

▲ 圖 2-22　ST 安彩高科（600207）分時圖

時，我們應該身處局外，冷眼旁觀。當型態漸趨明朗，要在關鍵處出手，把握住最好的出入市時機，正如孫子所云：「致人而不致於人」。

　　例如本圖例中，當股價運行至最後一個高點處時，價格趨勢已從最細微處發生微妙變化。股價無力繼續向上創出新高，在前一個高點處受到壓制，此時是市場中買盤減弱的跡象，預示股價此後有可能下跌。如此，相鄰的兩個高點便構成平頭頂部型態，其後當股價在 6 月 29 日開盤後，跌破該型態的下邊線時，便在第一時間確定賣點。

★ 若出現在第 b 浪，要在第 c 浪的第 3 個子浪賣出！

Day 29 持續型態頭肩頂型態的賣點

實戰示例

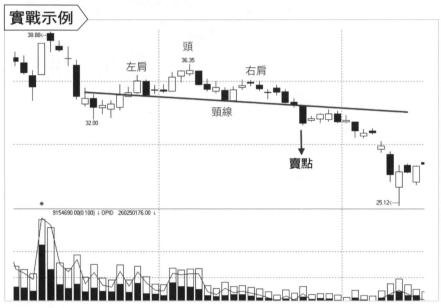

▲ 圖 2-23 五礦發展（600058）2011 年 6 月至 2011 年 8 月日線圖

型態解析

- 持續頭肩頂型態為看跌持續型態。其內部結構與反轉型態頭肩頂一樣，但出現位置卻截然不同，反轉型態頭肩頂出現在上漲趨勢的末端，和下跌趨勢的啟動階段。

- 我們可以將持續頭肩頂型態，看作旗形型態或矩形型態的變體，只是中間的波谷顯得更高一些而已。熟悉波浪理論的讀者，就會知道它通常出現在 b 浪的位置，由 b 浪中的子浪與 c 浪中的子浪共同構成。

- 持續頭肩頂型態也同樣存在頸線，當股價向上突破頸線後，構成買點。如果該型態出現在 b 浪中，那麼突破頸線時，必然是 c 浪中的第 3 個子浪，正是股價瘋狂下跌時，股價有著極快的下跌速度。

- 看跌持續頭肩頂，也可以看作是更小下跌級別中的頂部。我們說它是持續型態，就是站在較大的級別中看待下跌。

　　如圖 2-23 所示，前期高點處的上吊線揭開下跌的序幕，股價在長黑下跌後向上反彈。該型態的左肩規模較小，這在持續型態中也是比較正常的現象。在形成左肩後由低點向上反彈的過程中，成交量逐漸萎縮，股價在前方長黑線的開盤價處受到壓制，形成該型態的頭部。

　　此後股價自回落低點向上反彈，形成右肩。頸線向下傾斜，表現出下跌意願很強，市場疲軟。7 月 25 日，股價跌破頸線後，該型態被驗證成功，形成價格型態的最佳賣點，市場延續前下跌趨勢，繼續向下運行。

盤面解析

　　如圖 2-24 所示，細節決定成敗，從小時線入手進行分析，從股價最微小的變化中，可以逐漸推演出未來的趨勢變化。有很多投資人進入市場後總是希望一夜暴富，其實每一筆成功的交易，都是從大處著眼，從細節入手，才能完整追蹤到趨勢變化，找到最佳買賣點。

　　在市場中流傳著看大棄小的說法，從趨勢理論來看這句話是正確的，但很多人對此有所誤解。看大棄小，並非讓你放棄細節，而是不要執著於蠅頭小利。微小的波動可以不參與，但一定要關注，任何一次超大級別的上漲或下跌，都是從極微小處開始演變。從細節入手、從全域著眼，更能掌握好方向，下跌時及時出逃，上漲時及時入場。

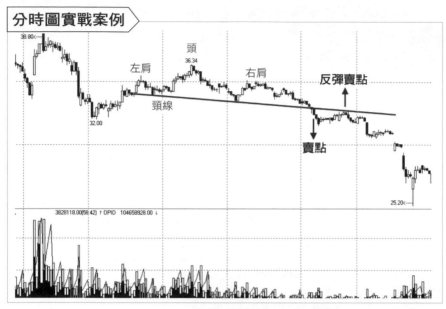

▲ 圖 2-24　五礦發展（600058）分時圖

　　結合本圖例，我們從細節處分析，由 6 月 21 日的低點向上與 7 月 1 日的低點連線，形成一條短暫的支撐線。當這一條趨勢線被向下突破後，股價便無力向上攀高，甚至無法達到左肩的高度。我們可以從短暫趨勢線此細節處得出結論，股價已經見頂，短期的頭部已然形成。該反彈高點的位置，恰好位於前方長黑下跌的開盤位置，股價從這裡決堤，趨勢線對股價形成強烈的壓制。

　　而當股價自高點下跌，再次形成反彈後，隨著成交量的萎縮，股價表現一度疲軟，從 K 線圖的小陰星線上，可以證明此觀點。再將頭部和右肩的反彈高點連接，構成一條短期的下跌趨勢線，對此後股價的下行形成壓制。

　　由此可見，股價已經回歸原下跌趨勢，當股價下破頭肩頂頸線時，型態形成，提供重要的型態賣點。當股價向上小幅反彈頸線後，又提供一個新的賣點。

★ 第 e 浪有效跌破下邊線時，賣出！

Day 30　充當頂部反轉型態的三角形的賣點

實戰示例

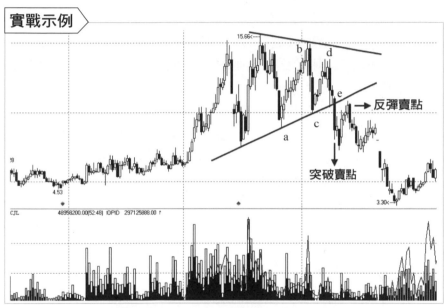

▲ 圖 2-25　上海梅林（600073）2005 年 7 月至 2009 年 1 月週線圖

型態解析

- 三角形型態雖然是持續型態，但有時也會出現在趨勢頂部，形成反轉型態。因為其內部發生了變化，與持續型態三角形不同，它是由看漲三角形型態演變而來。

- 三角形內部通常為五浪震盪走勢，我們一般用 abcde 來計數其震盪的波數。在看漲持續三角形型態中，當第 e 波震盪結束後，股價會受到來自下邊線的支撐。

- 而對於充當頂部反轉型態的三角形來說，雖然依然有五波的

震盪走勢，但當第 e 浪時，下邊線已經無法阻止價格向下，股價向下有效地穿越下邊線後，由上漲趨勢轉而成為下跌趨勢，形成充當頂部反轉型態的三角形，該型態也是三重頂的一種變體。

如圖 2-25 所示，這是一個標準、大規模的充當頂部的對稱三角形型態，由於頭部的規模通常較大，週線相對於日線或小時線來說，能更完整判斷趨勢的轉換以及重要壓力位的突破。如果是持續型態中，我們可以用變化更細微的分時圖表，來準確找到入場和出場的時機。

自 2007 年 5 月 18 日當週至 2008 年 4 月 3 日，構築時間近一年，如此大的頂部規模如果被突破，預示市場趨勢將發生重大變化。該型態由標準的內部五浪構成，2008 年 4 月 3 日，第 e 浪無法再向上反彈衝破上邊線，轉而向下邊線突破，確認型態已然反轉。大幅跳水後，市場曾向上回測該下邊線的壓制，得到驗證後股價恢復下跌。

盤面解析

如圖 2-26 所示，在週線的圖例中，我們已經清晰看出這是一組充當頂部的反轉三角形型態，可以從本圖的日線圖表中，一一發掘它所形成的規律。

請注意，股價由 2007 年 5 月 17 日開始向下大幅下跌盤整後，於 2007 年 6 月 29 日在低點處出現啟明星型態，股價開始再次向上衝擊。在該次上漲中，以推進浪的形式上衝至高點 15.66 元，突破前高點處，說明此波上漲仍為前方上漲趨勢的延續，屬於上漲推進浪。所以將股價自此處的新開高始向下回檔所形成的拐點，作為我們選取的三角形上邊的第一個轉捩點。

確定第一個轉捩點之後，後面的工作便顯得相對容易了。在這裡需要解釋一下，因為本書是為讀者從理論上講解型態的買賣點，

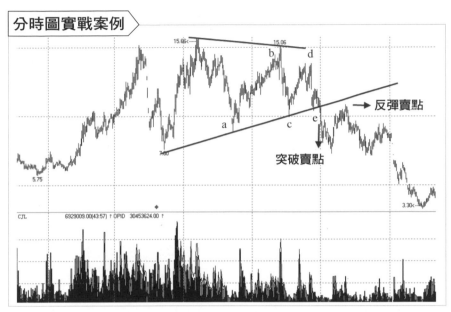

▲ 圖 2-26　上海梅林（600073）2005 年 7 月至 2009 年 1 月日線圖

所以採取相對標準的型態作為圖例。但在實際的操盤當中，不必過於拘泥，若在細節上追求完美或鑽牛角尖，就會延誤最佳的交易時機，甚至可能對價格型態出現誤判。

《論語》的《雍也篇》中曾說到：「質勝文則野，文勝質則史。文質彬彬，然後君子。」這裡所強調的是內涵與表象同等重要、相輔相成，文與質並行，方可稱為君子；但文與質必選其一之時，則質更重要。所以，看待價格型態，首先要看到該型態所要表達的內在含義，其所彰顯的指導意義是什麼，然後再求其形，不要被假象所迷惑。

在任何價格型態中，都脫離不了道氏理論的基礎。當市場在上升趨勢中，而股價不能向上破出新高，則本階段內動能已不能繼續推動市場上漲，是一個危險的訊號。雖然在該區間內股價的低點不斷向上抬高，但分析其內涵可以發現，底部向上抬高的幅度越來越

小，價格型態不過是將這一內在的事實，經由具體的輪廓表現出來，從而更易於大家分析與判斷。

　　該型態的成交量給予充分配合，於 2008 年 3 月 31 日向下突破下邊線，確認該型態為頂部反轉三角形，構成價格型態的突破賣點。隨後股價又向上回測上邊線，在此處承壓，再次向下，給出反彈賣點。

我的投資筆記

★ 第 5 浪有效跌破下邊線時，賣出！

Day 31 頂部反轉楔形的賣點

實戰示例

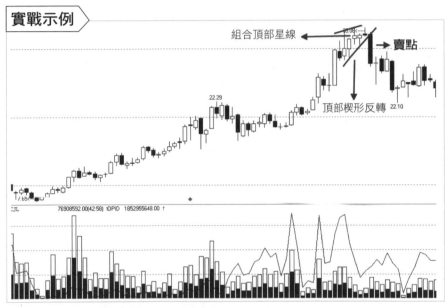

▲ 圖 2-27　廣匯股份（600256）2009 年 9 月至 2011 年 3 月週線圖

型態解析

- 區分楔形是反轉型態還是持續型態，關鍵在於它與主趨勢的方向是否相同。如果與主趨勢方向相同，那麼便是反轉型態；如果與主趨勢的方向相反，那麼便是持續型態。
- 通常出現在該級別上漲的最後階段。
- 作為頂部反轉型態楔形與持續型態楔形，其內部構成也完全不同。看跌持續楔形型態中，將與主趨勢相反的第一次回檔稱為 a 浪，以此類推。在第 e 浪時，受到上邊線的壓制，轉

而向下突破下邊線，形成新的下跌趨勢。

- 而在反轉楔形型態中，在型態內部，最後一浪上漲中的第一次上漲，標記為「1」，在反覆震盪中最後的上漲標記為「5」。當第「5」浪形成之後，頂部楔形形成，股價轉而向下突破楔形的下邊線，趨勢出現反轉。

　　如圖 2-27 所示，2010 年 11 月 12 日當週，股價在前方陽線的實體內開盤，衝高後回落收黑，與前方陽線形成看跌孕線型態。其後股價並沒有向下回落，而是以陽線收盤，留下長長的破高上影線，表示市場在高位的壓力正在增加，為今後的走勢留下隱患。

　　在下週的陽線之後，股價分別形成三個頂部反轉 K 線，暗示股價在此區域已處於風口浪尖之上。12 月 24 日當週，股價長黑下跌，一舉吞沒前方的 6 根 K 線實體，與前方的星線構成一組組合的黃昏之星型態，確定市場頂部。經由頂部小 K 線高低點的連線，隱約表現出頂部楔形型態，我們在日線中會詳細解說該型態。

盤面解析

　　如圖 2-28 所示，2010 年 11 月 8 日前是一個完整的向上五浪結構，屬於該上升級別中的主升推進浪，即為某級別中的第三浪。我們講過，為了增加價格型態判斷的準確度，波浪理論非常重要。無論持續型態抑或是充當頂部或底部的型態，其內部通常都是由五浪組成。如本圖中，自 2010 年 11 月 5 日至 2010 年 11 月 11 日，為主升浪的整理結構，其後股價進入最後一波上漲。

　　2010 年 11 月 16 日，股價衝高的高點作為該楔形的第一個轉捩點，在其後的向下回檔中，2010 年 11 月 23 日的低點構成底邊處的第一個轉捩點。此後高點上升的幅度小於低點上升的幅度，將高點連接、低點連接，便勾勒出頂部楔形的輪廓，但此時價格型態如何演化，還需要市場的進一步驗證。

　　此型態為三十六計中第一計「瞞天過海」在股票市場中的實際

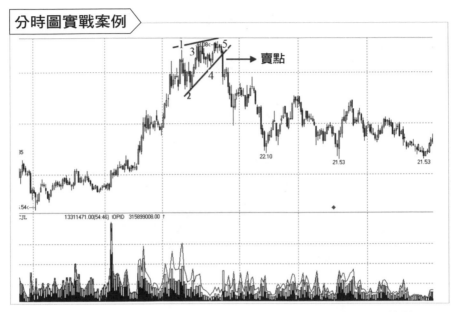

▲ 圖 2-28　廣匯股份（600256）2009 年 9 月至 2011 年 3 月日線圖

應用，兵法有云：「備週則意怠；常見則不疑。陰在陽之內，不在
陽之對。太陽，太陰。」 該股票在 2010 年 11 月 16 日之後，股價
連續兩次向上小幅破高，而底部也相應地不斷抬高，此時投資人已
經適應價格規律，認為下一步的走勢仍然會按此規律行進。而這種
表現就是「瞞天過海」之計所說的「備週則意怠；常見則不疑」。

　　當中小投資人處於麻痺之中時，股價已經出現細微變化，在股
價的小幅上升過程中，賣盤力量並沒有顯示出猛增的跡象，賣出在
秘密地進行，這就是「陰在陽之內，不在陽之對」。主力賣盤的過
程，都在這不斷向上的小幅破高中秘密進行，它不與強大的上漲之
勢做正面進攻，而是將「陰」藏在了「陽」中，此所謂瞞天過海。

　　當股價運行至頂部楔形的最後一個高點，成交量已極度萎縮。
2010 年 12 月 20 日，股價向下擊穿該型態的下邊線，確認該型態
已真正形成，趨勢反轉，給出賣點。

★ 只有突破窗口和中繼窗口這兩種可賣出！

Day 32 向下跳空窗口的賣點

實戰示例

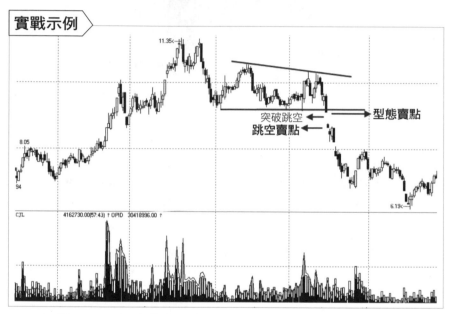

▲ 圖 2-29　*ST 中葡（600084）2009 年 9 月至 2010 年 7 月日線圖

型態解析

- 向下跳空窗口是指，當前交易日的最高價與前一個交易日的最低價之間，形成的無成交的價格空白區。這種向下跳空窗口，是市場賣方力量非常強大的表現。持倉者對於不能及時拋售感到恐慌，爭相壓低價格賣出而造成極端價格。也同時說明出現該窗口時，人們爭相拋售的恐懼心理，所以遇到向下跳空窗口可賣出。

- 向下跳空窗口分為突破窗口、中繼窗口、衰竭窗口和普通窗

口。其中僅有突破窗口與中繼窗口，具有賣出意義；衰竭窗口與普通窗口，不具有賣出的指導意義。

- 突破窗口是指向下跳出原上漲趨勢線，或是跳出頂部反轉型態的頸線，或是跳出下跌趨勢中的看跌持續型態中的下邊線，是行情剛剛啟動之時最重要的賣點之一。中繼窗口是指在快速的向下跳出窗口，可根據它來測算下方的跌幅尚有多深，通常出現在該趨勢的中間部分。

- 衰竭窗口是指行情出現在最後的下跌階段，此時再行賣出的意義已經不大。普通窗口是指在震盪走勢中出現的跳空窗口，不具備任何意義。

　　如圖 2-29 所示，在該向下跳空窗口出現之前，為一段清晰可見的上漲趨勢，股價自頭部下跌後進行寬幅震盪整理，在該震盪區間低點顯示出強烈的支撐。2010 年 4 月 29 日，股價向下跌破該震盪區間的低點，構成價格型態上的賣點，但在突破幅度上，還未經過驗證。次日股價向下大幅跳空，開低走低，驗證型態賣點，形成在型態之後的首次向下跳空，我們將其定義為突破跳空。通常在較大規模型態形成之後出現跳空窗口，預示股價將加速下行。

盤面解析

　　如圖 2-30 所示，本圖例中的向下跳空發生背景為，股價自 2008 年 11 月 3 日的 1.92 元處，上升至 2010 年 1 月 5 日的 11.35 元處。當股價自高點向下回落後，形成較大規模的平台橫向盤整，此時我們依然不能斷定頭部是否形成。若某一型態運行的時間越長、規模越大，向下的突破便越重要，本圖例便是在此背景下形成的。

　　股價先是在 2010 年 4 月 28 日，向下突破該震盪區間的低點。從更準確的角度來講，該突破只是在收盤前向下小幅穿越震盪區間的支撐線，幅度和時間上均未給出更進一步驗證。但是經由這一日的股價表現，下跌已是必然之事。

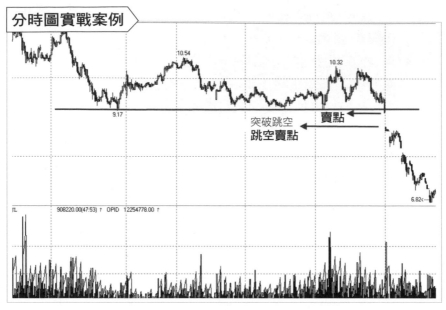

▲ 圖 2-30　*ST 中葡（600084）分時圖

　　次日開盤後便大幅跳空低開，如果前一日尚未下定決心拋出股票，那麼經當日的向下跳空窗口出現後形成突破賣點，無論如何也應該先將手中的持倉拋出。雖然這在感情上難以接受，但只要想到更低的價位會出現在後續走勢，也許面對虧損便能泰然處之了。

　　當日向下跳空窗口出現後，以跌停板收盤，此後股價向下之勢如破竹，一瀉千里。在風險投機市場中，最重要的不是技術分析水準，也不是高超的操作技術，而是在於你的心理——貪婪、僥倖、害怕虧損、不承認錯誤，這些都是影響成敗的魔障。假如以上不能夠受到克制，即便有再高的技術水準，結果也會事與願違。

　　在交易中，你最好將它當作一種圖表遊戲，甚至不要考慮錢的問題，就能幫助你發揮技術優勢。例如，在本次的向下突破跳空中突然出現重大的利潤回吐，很多人是難以接受的，誰的心理素質好，誰就能夠及時出場，將來再以更低的成本回購你的股票。

★ 股價再次回補窗口並向下時，賣出！

Day 33

回補原上升趨勢中 向上跳空窗口後的賣點

實戰示例

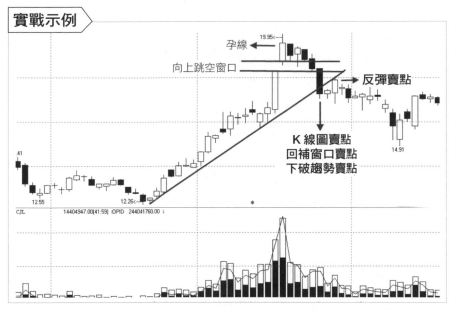

▲ 圖 2-31　同仁堂（600085）2011 年 5 月至 2011 年 8 月日線圖

型態解析

- 在趨勢中，我們發現衰竭窗口後，必然在其上漲一段後會出現拐點。那麼股價在經由拐點後，再次回補該窗口，並且持續向下，便形成重要的賣出訊號。

- 有時可能無法具體分辨出跳空窗口的類別，那麼可以僅僅根據它帶給我們的支撐和壓制，發現具體的交易訊號。不論是哪種窗口，一旦被回補，並且股價繼續向相反方向運行，那麼該窗口便失去它的支撐或是壓制作用，重要的點位失去

作用，也就為我們提供了交易訊號。

如圖 2-31 所示，本圖例中所揭示的這一波上漲行情，從全域來看，基本上屬於這一級別的最後一浪。2011 年 7 月 15 日股價以漲停收市，次日順勢向上跳空形成跳空窗口，表現較為強勁。但其後的表現便不容樂觀了，股價在其陽線實體內部形成開低走低的陰線，構成一組頂部孕線型態。根據其所處的位置，無疑是一個警示訊號，此後股價便向下小幅回測。在回測過程中，向上跳空窗口的上限處及下限處，均為股價形成短暫的支撐。

2011 年 7 月 25 日，股價終於向下完全回補該向上跳空窗口，並突破窗口的支援，形成突破賣點。此三根陰線形成三隻烏鴉看跌型態，三隻烏鴉的第二根陰線，驗證了前期頂部孕線型態。股價在向下突破窗口之後，形成下破趨勢線的賣點，股價在此後的向上反彈中，受到原上升趨勢線的壓制，構成反彈賣點。

盤面解析

如圖 2-32 所示，由分時圖我們可以看到，向上跳空窗口之後的頂部型態，基本上類似於充當頂部的三角形型態，股價曾兩次試探前方窗口。在高點的陽線之後，首先表現出股價見頂跡象的是上吊線出現，隨後在小時線中的頂部得到驗證。我們講過，凡頂部型態的形成，基本上都會出現某種價格型態，雖然從日線級別無法看出是何種型態，但分時圖中可以看到放大的價格型態。

股價先是在向下試探向上跳空窗口下限時受到支撐，但已經失去再度衝高的動能，形成向下盤跌之勢。股價依次向下突破向上跳空窗口的上限，在下限處再次獲得支撐。若配合移動平均線，能看到在向上跳空窗口的上方，四根移動平均線形成死亡谷的型態，顯示出價格向下運行的可能性大大加強。

2011 年 1 月 25 日，開盤後的第一根 K 線圖向下突破原向上跳空窗口，形成突破賣點。當頂部陽線放大以後，成交量便出現逐漸

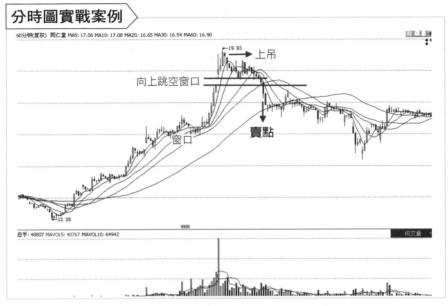

▲ 圖 2-32 同仁堂（600085）分時圖

萎縮狀態。這種成交量的變化，配合價格走勢來看，說明買方即使在重要的支撐區域，也無力維持股價繼續上行。所以在失去買盤的情況下，股價便伴隨著自身重力向下破位。從移動平均線方面來看，股價在突破向上跳空窗口時，便開始逐漸向空頭排列進行轉換，而短期的移動平均線，則對股價呈現壓制作用。

在本圖例也清楚展示，移動平均線在頂部形成過程中，是如何由多頭向空頭排列。頂部形成的過程是伴隨多種跡象出現的，市場可能會說謊，但它不可能全部說謊。它首先經由描述基本價格的 K 線圖，出現最初的反轉跡象，隨後是成交量，再後來便是均線系統、價格型態、擺動指標等，只要把握住其中一個，便可以在頂部成功逃離。

★ 受到上限處或下限處的壓制時，賣出！

Day 34　回測向下跳空窗口處的賣點

實戰示例

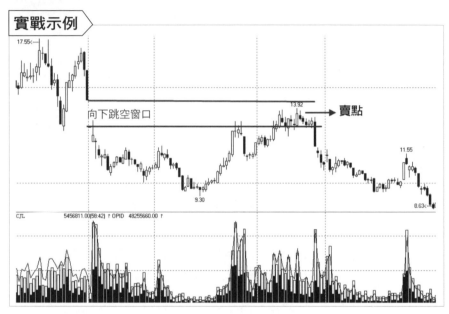

▲ 圖 2-33　哈高科（600095）2010 年 11 月至 2011 年 5 月日線圖

型態解析

- 跳空窗口屬於 K 線圖型態中的持續型態。
- 向下跳空窗口不論窗口的上限處還是下限處，都存在向下壓制，所以當股價向上回補窗口受到上限或下限處的壓制時，若手中還有持倉，這是最後的逃命點位，不可遲疑。如果股價回補窗口後繼續上行，那麼可以再次回購你賣出的股票。無論如何，資金的安全是第一位，畢竟只有先生存，才能講生活。

如圖 2-33 所示，2010 年 11 月 26 日，股價再次向上未能達到前高水準，次日股價下跌與之形成看跌吞沒型態。2010 年 11 月 30 日，長黑收於跌停，奠定後勢的弱勢基調。12 月 1 日，股價再次向下直接以跌停板開盤，全天都在跌停處，留下一個寬幅的向下跳空窗口。

次日股價曾試圖回補窗口，但大勢已去，這一日也可以作為回測向下跳空窗口的賣點。只是由於規模較小型態不甚明朗，但此時的成交量比起之前頂部形成過程的成交量，顯著放大。正是由於這天激烈地爭奪，最後以買方失敗而告終，確認市場的頂部反轉。

此後的 2011 年 1 月 25 日，短期的底部形成，股價向上反彈。在 3 月 10 日至 3 月 18 日，股價向上回測前方的向下跳空窗口，回補窗口。但是受到該向下跳空窗口上限處的壓制，形成一組平頭頂部型態。當股價於 2011 年 3 月 28 日，向下再次跌落向下跳空窗口下限處時，確認窗口的壓制，形成賣點。

盤面解析

如圖 2-34 所示，在股價二次試探高點的過程中，頂部出現一次向上跳空窗口，這在日線中無法觀測到。該跳空窗口是上漲趨勢的衰竭跳空窗口，而在其後的小時線也呈現看跌吞沒型態，吞沒前方大部分 K 線的實體。

2011 年 11 月 30 日開盤後，小時線表現為向下跳空，在這個小時內，股價便以跌停報收，回補前方的突破向上窗口，次日開盤後，全天都處於跌停板處。所以，由小時線可以更清晰辨別頂部反轉過程，在比較重要的反轉之前，如果預期將發生某種變化，小時線便成為重要的分析手段，基本上可以在第一時間感覺到或發現價格正發生的重要變化。向下跳空窗口形成後，股價在次日低開向上回測窗口，但股價積重難返，可以看到陽線之後是一根十字星線，形成第一個回測窗口的賣點。

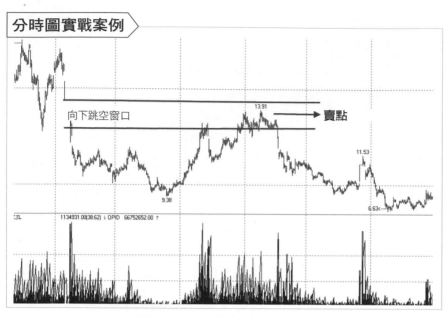

▲ 圖 2-34　哈高科（600095）分時圖

　　從成交量上可以看到，買方力量在當日的第一個小時內，曾力圖挽回頹勢，但跌勢已成，此處為投資人逃命的最好時機。

　　此後股價變成縮量震盪下跌，當股價在達到該次下跌的短期低點時，成交量已經極度萎縮，配合 KD 指標出現底部背離現象，由此引發一波向上的反彈行情。一些經驗豐富的投資人，可以精準預料第二天開盤價的走勢，其實他們大多是基於對小時線的研判，當你掌握此技能時，就不會再感到很神奇了。

　　這一次股價的向上反彈規模較大，在反彈初期成交量也配合有效的放大，但當股價在突破該向下跳空窗口的下限時，便進入橫向震盪走勢中。由此可以看出，股價在向上試探該向下跳空窗口上限時，市場顯出猶豫不決之態。由於前方的跳空窗口以極端形式出現，即以跌停板方式即說明在該處的賣盤心理極重，壓力極大，在這個反彈的高點處形成平頭頂部之後，就構成回測的賣點。

第 3 章

結合 K 線與趨勢線，
掌握行情上下的規律

3.1
趨勢線與價格形成的
重要「買進」訊號

趨勢線在風險市場交易中佔有主要地位，若不掌握趨勢線的要領，對市場的發展方向就很難掌握，會直接影響行情的判斷和操作。

趨勢線分為主要趨勢線、次要趨勢線和短暫趨勢線。主要趨勢線代表市場發展的主要方向，次要趨勢線是逆著主要趨勢方向而運行的，通常是主要趨勢的中級回檔或中級反彈，短暫趨勢線為相對很少的小級別趨勢。

從時間上來劃分，也可以分為長期趨勢線、中期趨勢線和短暫趨勢線。通常我們將市場中運行一年以上的趨勢稱為長期趨勢，運行幾個月左右的趨勢定義為中級趨勢，短暫趨勢在時間方面沒有更具體的定義。以上這兩類劃分可以相互交叉使用。

圖 3-1 為三種趨勢的簡單示意圖，圖中的主要上升趨勢，代表市場整體的運行方向，描述上漲中所有的價格變化，這條趨勢線顯示市場的主要方向是上漲的。

而圖中的兩條次要趨勢線，描述在主要的上漲趨勢當中，出現的中級向下回檔的行情，是上升趨勢中的次要趨勢。

至於短暫趨勢，僅描述短時期內價格的運行規律和方向，無論

上漲和下跌。在上漲的主要趨勢結束後，下跌走勢就成了主要趨勢。

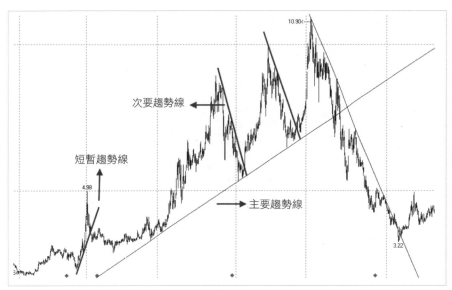

▲ 圖 3-1　主要趨勢線與次要趨勢線的使用示意圖

Day 35

標誌性買點——
突破下降趨勢線 3% 以上

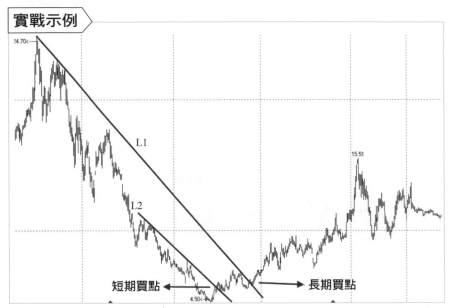

實戰示例

▲ 圖 3-2　萊鋼股份（600102）2008 年 1 月至 2009 年 7 月日線圖

型態解析

- 趨勢線代表著一種趨勢的延續，而一個既成趨勢，由於慣性作用，是不會輕易結束的。趨勢線可分為主要趨勢線、次要趨勢線和短期趨勢線。當某一類的下跌趨勢線被向下突破，代表著該趨勢所約束的下跌趨勢被破壞而發生改變。

- 不同重要程度的趨勢線被突破，所代表的反轉趨勢不同。若短期趨勢線被向上突破，那麼可能發生的僅僅是向上的反彈行情；若重要的長期趨勢線被突破，那麼它的意義重大，極有可能發生更大級別的趨勢反轉。

- 當原下跌趨勢線被向上突破後，代表向上的趨勢即將發生，形成買點。
- 趨勢線的突破需要驗證，才能證明該趨勢線是否有效。有兩種證明方式，分別為時間證明和幅度證明。其中四週法則對於判斷趨勢線突破的有效性具有重要作用，但經過驗證後，會失去大好的入場時機。所以我們在實際操作中，經常使用的方法為三日規則與向上突破的幅度加以驗證，若連續三個交易日都在該趨勢線之上，或突破下跌趨勢線 3% 以上，則意味著突破有效性大大加強。

盤面解析

如圖 3-2 所示，L1 為長期下跌趨勢線，L2 為下跌趨勢中最後一波段的短期下跌趨勢線。2008 年 11 月 13 日，股價向上率先突破 L2 線，由突破幅度來看，當日已然構成短期的買點，股價在此後震盪向上的反彈中，受到長期下跌趨勢線 L1 的壓制。

2009 年 1 月 6 日。股價向上突破 L2 壓制，在小幅向下回測之後，股價展開上漲行情。在突破長期趨勢線後，下跌趨勢轉為上漲趨勢，趨勢方向發生轉變，給出長期買點。

Day 36 回測買點——
趨勢線壓力與支撐轉換時

實戰示例

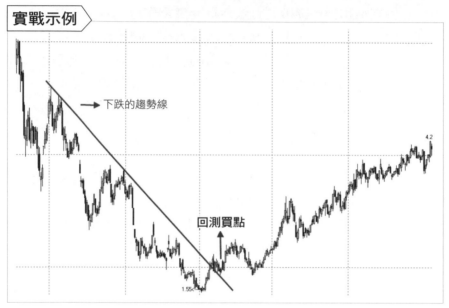

下跌的趨勢線

回測買點

4.2

1.55

▲ 圖 3-3　東湖高新（600133）2008 年 4 月至 2009 年 7 月日線圖

型態解析

- 下跌趨勢線是約束著某一級別下跌走向的河道，一旦股價溢出這個河道，意味著原下跌趨勢已然改變，轉而形成上漲趨勢。但有時，當股價向上突破原下跌趨勢線後，並不直接上行，而是再次出現短暫下行，此時，我們還可根據這根原下跌趨勢線所提供的支撐與壓制位，來進行操作。

- 一般情況下，當某一壓力位被向上突破後，股價再次由上向下回落至此時，壓力位轉而形成支撐位，這是壓力位與支撐位的角色轉換。

- 趨勢線也具有同樣功能，當向上突破該下跌趨勢線，股價並沒有如期大幅攀升，而是繼續向下回落時，該壓力線的角色發生轉換，由提供壓制轉而提供支撐。所以當股價再次回落到該線之時，可作為買進訊號。

盤面解析

　　如圖 3-3 所示，股價在下跌趨勢的末端，2008 年 11 月 7 日開始向上強勁反彈。2008 年 11 月 14 日經過突破幅度驗證，為有效突破，突破該下跌趨勢線。在隨後的股價上漲中，受到前方原下跌趨勢中向下跳空窗口的壓制，股價出現回落。

　　在趨勢線理論中，當一條下跌趨勢線被向上突破後，它的角色會發生轉換，由提供壓力位轉為提供支撐位。此後股價在原下跌趨勢線的上方震盪下跌，但下方均受到原下跌趨勢線的支撐而受到下跌限制，在股價到達該下跌趨勢線時均出現反彈。凡是得到下跌趨勢線支撐且股價繼續上揚時，均為本節所介紹的買點。

我的投資筆記

Day 37 回檔買點——遇到支撐，股價反覆往上時

實戰示例

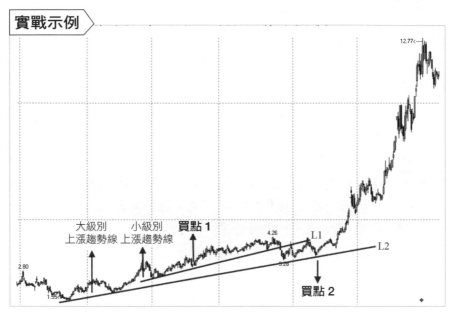

▲ 圖 3-4　東湖高新（600133）2008 年 9 月至 2010 年 3 月日線圖

型態解析

- 最持久的漲勢，不是突然井噴試的上漲，而是沿著某一角度，順延著某一穩定的速率向上挺進的漲勢。所以每次波谷與波谷之間的距離，或波峰與波峰之間的距離，基本上都是相差無幾的，且每個波段上漲的幅度與回檔的幅度，基本上也是穩定的。

- 因此，在我們畫出上漲趨勢線後，每次遇到股價回檔至該上漲趨勢線上，並且受到該趨勢線的向上支撐，同時價格彈性很大，遇支撐便會彈起向上時，此處為非常可靠的買點。

- 由於價格趨勢具有慣性，除非外力非常大的情況下，才會改變原有趨勢。從這一層面來說，在趨勢線上的買點準確性是極高的。
- 上漲趨勢線所支撐的回檔低點的次數越多，該趨勢線的作用越強。例如，支撐了八次的回檔低點的趨勢線，要比支撐三次的回檔低點的趨勢線可靠。
- 上漲趨勢線所運行的時間越長，該趨勢線的作用越強。例如，有效運行了八個月的趨勢線，要比有效運行三個月的趨勢線更可靠。

盤面解析

如圖 3-4 所示，L1 為中期上漲趨勢線，L2 為長期上漲趨勢線。當長期上漲趨勢線做出後，股價的上漲改變速率，沿中期趨勢線向上運行。當股價接觸到 L1 線時，買點 1 出現，成為回測趨勢線的買點，此後股價向上突破 L1 線。

2009 年 9 月 29 日，股價到達 L2 線時獲得強勁支撐，構成回測趨勢線的買點 2。有時股價不一定準確回檔至趨勢線上的位置，便向上反彈，也可以根據實際情況變通，構成一種買點。

3.2
趨勢線與價格形成的
重要「賣出」訊號

Day 38　標誌性賣點──突破上升趨勢線時

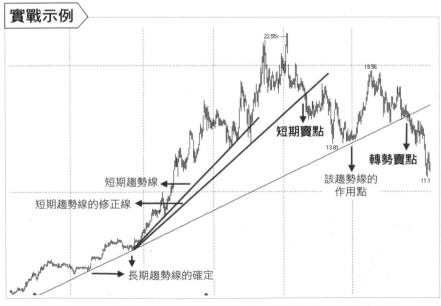

實戰示例

▲ 圖 3-5　金發科技（600143）2006 年 5 月至 2008 年 3 月日線圖

型態解析

- 與上破下跌趨勢線相同，當股價下破上漲趨勢線時，是一種非常強烈的賣出訊號，提醒我們當前的情況異常危險，不能再滯留於市場，應拋出手中的持倉。

- 趨勢線也不是萬能的，因為根據道氏理論，趨勢分為主要趨勢和次要趨勢。因此首先要知道你擅長操作的是哪種趨勢，先定義好你所擅長的趨勢範圍，再來討論趨勢線的作用。

- 大規模的轉勢，如果用趨勢線來做出研判，通常為大級別的 C 浪與 1 浪之間的轉勢，或是 5 浪與 A 浪之間的轉勢。而次要趨勢中，甚至每個波浪運行時都可以視為轉勢，此時趨勢線的用法便不會那麼簡單了。

- 有時 1 浪運行結束後，價格下破原上漲趨勢線，它並不是轉而向下，而是出現橫向震盪。所以，一定要瞭解當前處於哪種趨勢，才能利用趨勢線來做交易。

- 若股價擊穿已經畫出的原上漲趨勢線，但又再次向上穿越該趨勢線，回到上漲趨勢的上方，並且創出新高。那麼，根據道氏理論來看，此上漲趨勢未結束，所以應該及時修正趨勢線，將新出現的低點囊括進去。

盤面解析

如圖 3-5 所示，在行情沒有進行到我們能看到的所有圖例之前，應首先做出長期趨勢線。其後，隨著股價上漲，分別作出短期趨勢線及它的修正趨勢線。2007 年 9 月 7 日，股價向下突破修正趨勢線後，出現短期賣點。股價在下跌中受到長期趨勢線的支撐，反彈後再度下跌，跌破這條長期趨勢線，構成轉勢的賣點。

Day 39 回測賣點──
趨勢線支撐與壓力轉換時

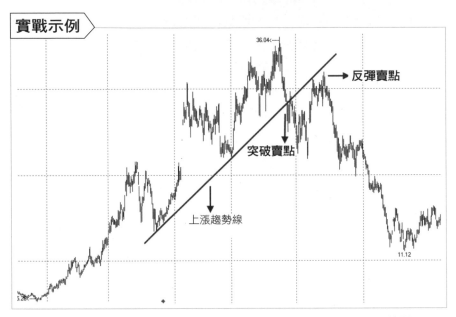

▲ 圖 3-6　中國玻纖（600176）2006 年 10 月至 2008 年 6 月日線圖

型態解析

- 上漲趨勢線分為長期趨勢線、中期趨勢線和短期趨勢線三種，根據趨勢線的級別不同，突破後所產生的意義也有所不同。

- 當一條長期趨勢線或中期趨勢線被突破時，意義會更重大。而趨勢線被突破後，往往代表該趨勢線上漲級別發生扭轉，尤其是當一條長期趨勢線被突破後，多預示趨勢即將轉變，那麼該趨勢線會由原來的支撐，轉換為對股價的壓制。

- 該趨勢線被突破後，由於一個重要趨勢的轉變並不會因為一

次突破就得到確認，所以經過恐慌賣盤之後，通常會出現重新向上回測這條趨勢線的走勢，來驗證該突破是否有效。

● 一旦壓制作用被驗證之後，股價轉而向下運行，代表趨勢反轉得到進一步確認。在向下突破該趨勢線時為突破賣點，而在反彈該趨勢線時又會得到一個更高的賣點，為反彈賣點，這在我們今後要講的到價格型態中會經常遇到。

盤面解析

如圖 3-6 所示，該上漲趨勢線是在股價加速上漲後，出現兩次較大級別的向下回檔走勢。以這兩次向下回檔的低點，我們畫出一條新的中期上漲趨勢線，該趨勢線描述了這一級別內的所有股價變化。

股價於 2008 年 3 月 17 日向下突破該中期趨勢線後，形成第一次的突破賣點。在向下運行一段時間後，股價便出現向上回測的動作，我們也可以將其理解為反彈該趨勢線的有效性。

在該趨勢線的下方，形成流星線的頂部反轉型態，確定該處的壓制。隨後再次出現在趨勢線下方向上反彈趨勢線的走勢，但沒有達到趨勢線位置，顯得向上反彈力不從心。在得到 K 線圖方面的配合後，股價給出較高位置的反彈賣點。

Day 40

回檔賣點——
遇到壓制，股價反覆下跌時

實戰示例

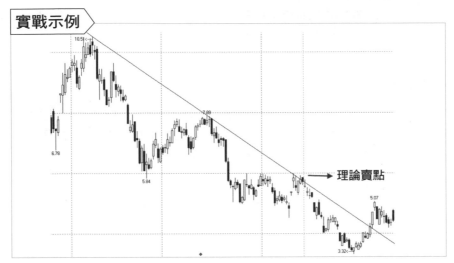

▲ 圖 3-7　伊力特（600197）2008 年 4 月至 2008 年 11 月日線圖

型態解析

- 趨勢是具有慣性的，如果沒有極強大的外力干預，不會輕易轉勢。所以，無論是上漲趨勢線還是下跌趨勢線，只要股價在它們的控制範圍內，就不要輕舉妄動，避免逆勢操作。

- 當股價由上漲趨勢轉而成為下跌趨勢時，不要認為只有上漲的股市而沒有下跌的股市，下跌也是具有慣性的。我們還可以經由各種技術分析手段，來預測這是什麼級別的下跌，會跌到什麼程度等。

- 就趨勢線而言，如果沒有向上突破該下跌趨勢線，上漲趨勢便遠遠沒有到來。所以不要在下跌趨勢線之下看到向上的反彈，就輕易做出判斷，認為上漲趨勢已經來了。一般情

況下，股價反彈至下跌趨勢線上後，受到該趨勢線的壓制，股價會再次下跌，反覆運行。

- 當股價向上突破下跌趨勢線後，還需要對其進行驗證，通常是用幅度和時間來驗證，再配合大的成交量，來驗證股價是不是真的上破趨勢線。所以，任何在趨勢線下方的反彈高點，都可能成為新的賣點。

盤面解析

如圖 3-7 所示，此處的賣點絕對是理論上的賣點，對於交易者來說，基本上毫無用處。此處的賣點可供短線交易者來做參考，也通常警示那些隨便抄底搶反彈的交易者們，下跌趨勢是具有慣性的，沒有較大的外力作用下，不會輕易轉勢。在沒有上破這條下跌趨勢線之前，千萬不要隨意建立長期多單。

我的投資筆記

第 **4** 章

結合 K 線與移動平均線，
讓你勝率接近 100%

4.1

移動平均線的買點

移動平均線是根據收盤價制定出來的，適用於任何時間單位。移動平均線有三種演算法，分別為算術移動平均線、加權移動平均線和指數加權移動平均線。其中被普遍廣泛採用的是算術移動平均線，演算法最簡單。

移動平均線最主要的功能是追蹤市場趨勢，同時也可以利用 K 線與移動平均線之間，或幾條移動平均線之間相互交叉，發出買賣訊號。其用法簡單明瞭，通常經由多條移動平均線的組合，來研判市場趨勢的變化，單根、雙根或是多根移動平均線的用法，均被廣泛使用。移動平均線的參數沒有固定的模式，可根據交易者的不同風險喜好，設定適合自己的參數。

如圖 4-1 所示，為移動平均線的幾種基本的使用方法。圖中重要的賣點，是當短期移動平均線下叉長期移動平均線後，給出的賣出訊號。圖中移動平均線的參數為 10 日移動平均線和 120 日移動平均線，當這兩條均線發生死亡交叉後，會出現一個重要的賣點。隨後，中期移動平均線向下穿越長期移動平均線，頂部形成死亡谷型態，這又是一個重要的賣點。最後形成的空頭排列模式，代表下跌趨勢已成。在下跌趨勢中的移動平均線，尤其是中長期移動平均線，將對股價產生重大的壓制作用。

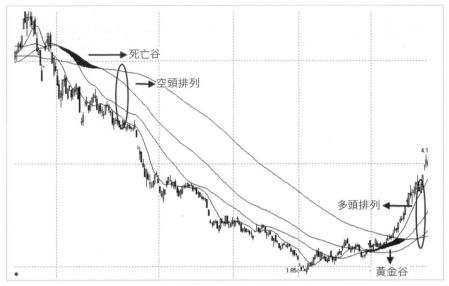

▲ 圖 4-1　移動平均線系統使用示意圖

　　當股價向上運行時，首先為 K 線向上穿越多重移動平均線，形成重要程度不同的買點，當短期和中期移動平均線紛紛向上穿越時，也構成重要程度不同的買進訊號。隨著短中期移動平均線上叉長期移動平均線，底部形成黃金谷，隨後多頭排列形成，代表趨勢由跌勢轉而成為漲勢。

Day 41 股價上穿單根移動平均線時,買進

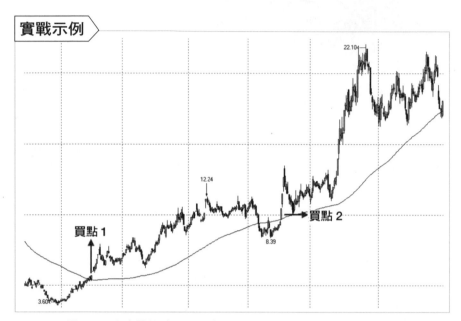

實戰示例

▲ 圖 4-2　大唐電信(600198)2008 年 10 月至 2010 年 5 月日線圖

型態解析

- 移動平均線最簡單的用法,莫過於 K 線與單根移動平均線的組合。當股價上穿某一根移動平均線時,為買進訊號;當股價下穿某一根平均線時,為賣出訊號。

- 關於移動平均線參數的設置,每個人有不同的經驗與喜好:如果你是風險追隨者,可以採用短期移動平均線,例如 5 日移動平均線或 10 日移動平均線;如果你是風險厭惡者,可以採用較長期的移動平均線,如 60 日移動平均線或 65 日移動平均線;如果你擅長週期更大的交易,甚至可以採用年平

均線來作為參考。

- 當然，短期移動平均線與長期移動平均線，兩者有優有劣。短期移動平均線比較靈活，能以最快的速度追蹤短期內趨勢的走向，但有可能被頻繁穿越，提供相對較多的交易訊號，這也就增加了交易成本，可能會錯過相對較大趨勢的行情。

- 長期移動平均線雖然剔除較多偽訊號，但是當訊號發生時，已經喪失大部分利潤，或是最佳入場時機。所以單根移動平均線參數的選取，應根據個人的交易特點來選取。

- 考慮到移動平均線在震盪行情中會失去其作用，本節選取 120 日的移動平均線，作為講解的案例。

盤面解析

如圖 4-2 所示，2008 年 12 月 12 日，股價向上確認突破移動平均線，構成買點 1。此後股價在向下突破後，再次向上強勁突破移動平均線，構成買點 2。圖例中移動平均線的參數為 120。

我的投資筆記

Day 42　均線系統出現多頭排列時，買進

実戰示例

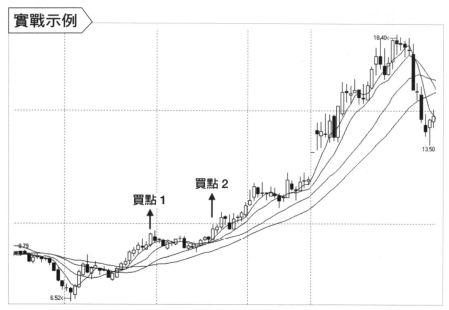

▲ 圖 4-3　全柴動力（600218）2010 年 6 月至 2010 年 11 月日線圖

型態解析

- 打開圖表分析軟體，首先展示的大多都是 K 線與移動平均線的組合，而移動平均線分別為 5 日移動平均線、10 日移動平均線、20 日移動平均線、30 日移動平均線和 60 日移動平均線。

- 當 5 日移動平均線在 10 日移動平均線之上，並且 10 日移動平均線在 20 日移動平均線之上，以此類推，短期在上、長期在下，這種型態稱之為「多頭排列」。說明股價在短期內的上漲速率大於中期內的上漲速率，中期內的上漲速率大於

長期內的上漲速率，股價已經開始向上運行。

- 多頭排列通常預示著一波極大的上漲行情，而這類行情除了波段理論以外，很難用其他技術分析手段來發現。所以當均線系統出現了多頭排列時，一定不要錯過這難得的機會。

- 多頭排列發生的訊號通常比較遲緩，但準確度相當高，也可以過濾掉很多短期內的回檔走勢。用多頭排列的方法來研判趨勢的形成，簡單明瞭、極易上手，是有廣泛群眾基礎的經典均線系統分析手法。

盤面解析

　　如圖 4-3 所示，2010 年 7 月 29 日，移動平均線完成多頭排列，此日股價突破前下跌趨勢的最後一個反彈高點，確認為買點 1。2010 年 8 月 19 日，股價經過小幅整理，再次形成多頭排列，構成買點 2。

我的投資筆記

Day 43

短期均線向上突破中長期均線時，買進

實戰示例

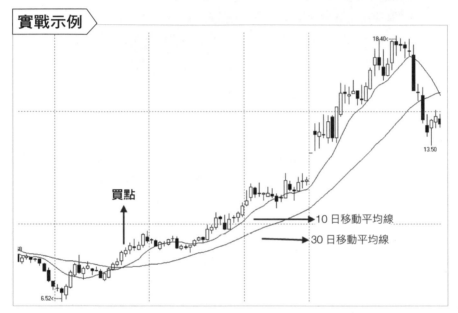

▲ 圖 4-4　全柴動力（600218）2010 年 6 月至 2010 年 11 月日線圖

型態解析

- 為了避免 K 線與單根移動平均線陷入震盪走勢中無法自拔，可以採取兩根移動平均線的分析方法。當短期移動平均線高於中長期移動平均線時，說明股價短期內向上運行的速率，大於中長期向上運行的速率，那麼股價在一定程度上已經開始上漲。所以，當短期移動平均線向上穿越中長期移動平均線時，給出買進訊號。

- 其中值得注意的是，有些時候，如果短期移動平均線向上穿越中長期移動平均線，股價向上遠遠地偏離移動平均線，

等待股價向下靠攏移動平均線之時再行入場，此時可以用副圖指標「乖離率」作為參考。

- 兩根移動平均線參數的選取也是有技巧的，若採取 5 日與 10 日移動平均線，那麼還是趨向於極短期的操作週期，不能突顯兩根移動平均線相組合的優勢；選擇 30 日與 60 日的移動平均線組合，又顯得週期過長、不靈敏，訊號發出較晚，會喪失絕好的入場時機。

- 基於以上，短期移動平均線的參數選取不能過小，長期移動平均線的參數選取也不能過大。但這也沒有一定規律，因為不同市場、不同標的物特性都不同。應因時、因地、因人而異，來選擇最適合自己的移動平均線參數。

盤面解析

如圖 4-4 所示，2010 年 7 月 2 日底部錘子線之前，為下跌趨勢線，兩根均線屬空頭排列。2010 年 7 月 22 日，10 日移動平均線向上穿越 30 日移動平均線，構成買進訊號。

Day 44

短、中期兩根均線形成「黃金谷」，買進

實戰示例

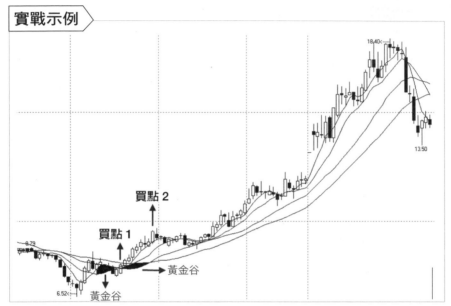

▲ 圖 4-5　全柴動力（600218）2010 年 6 月至 2010 年 11 月日線圖

型態解析

- 當短期移動平均線向上運行，中期移動平均線隨之向上，這兩根移動平均線都向上穿越較長期的移動平線時，形成一個圓滑的三角形。該三角形的鈍角部分，也就是最大邊長所對應的方向向上，那麼該型態被稱為「黃金谷」，有些書中也將它稱為「價托」。
- 該三角形的面積越小，說明上漲的速度越快，上漲的力量也就越大；如果該三角形面積很大，說明上漲的速度相對較慢，但可能會很平穩。一般來說，醞釀階段形成的黃金谷面

積較大，而快速上漲中出現的黃金谷面積較小。

- 黃金谷的內在含義與多頭排列基本相同，是多頭排列形成的先兆。黃金谷是由三根均線構成的一種型態，形成之後，若後續走勢繼續向上，那麼多頭排列遲早會形成。
- 形成黃金谷處的價位，也會對後續走勢形成一定程度的支撐。
- 為了方便讀者對比，在此處講解的均線系統圖例，使用的都是相同個股。

盤面解析

　　如圖 4-5 所示，首先是五日移動平均線上叉 10 日移動平均線，構成兩根 K 線組合的買點，其後隨著 5 日移動平均線上叉 20 日移動平均線和 10 日移動平均線，形成第一個黃金谷。

　　在均線形成黃金谷時，股價正處於小幅整理之中，但顯而易見在整理時，股價受到該黃金谷區域的支撐，隨後股價向上穿越 20 日移動平均線，構成買點 1。在此之後，20 日移動平均線與 10 日移動平均線，先後上叉 30 日移動平均線，構成另一個明顯的黃金谷，2010 年 7 月 29 日，形成買點 2。

Day 45 長期均線上，短期均線上叉中期均線時，買進

實戰示例

▲ 圖 4-6　昌九生化（600228）2008 年 10 月至 2009 年 8 月日線圖

型態解析

- 本節所講解的這種方法稱為「生命線法」，它結合短期和中期兩根 K 線的使用方法，與 K 線和單根移動平均線使用方法的精華，使我們更能在大趨勢中進行中短線交易。

- 具體方法：當股價在長期移動平均線之上時，可以默認該趨勢為上漲趨勢，那麼若此時短期移動平均線向上穿越中期移動平均線，第一形成兩根移動平均線組合而成的買點，第二形成短、中、長期移動平均線多頭排列的買點。若股價在該長期移動平均線之上，短期移動平均線向下穿越中期移

動平均線時，可暫時賣出手中股票。

- 這種方法的優勢在於，既可以掌握長期趨勢，也可以在長期趨勢之內過濾掉短期震盪行情，在長期上漲中再次找出其中短期或中期向上的行情，避開不必要的短期回檔。尤其當短期移動平均線二次上叉中期移動平均線時，買點更為可靠。

盤面解析

如圖 4-6 所示，2008 年 12 月 5 日股價完成多頭排列，但隨後回落至長期移動平均線之下，隨後，10 日均線下叉 30 日均線。2009 年 1 月 16 日，10 日均線再次上叉 30 日均線，構成買點 1。此後，股價始終處於長期移動平均線之上。

2009 年 2 月 24 日，股價再次出現大幅下調，受到長期移動平均線的支撐後向上反彈，而移動平均線配合股價走勢，在 10 日均線下叉 30 日均線之後。2009 年 3 月 26 日，股價上漲，兩根均線再次出現黃金交叉，此處為買點 2，可作為加倉買點。同理，買點3 的情況與之前如出一轍，也可作為加倉買點。

4.2

移動平均線的賣點

Day 46　股價下穿單根移動平均線時，賣出

實戰示例

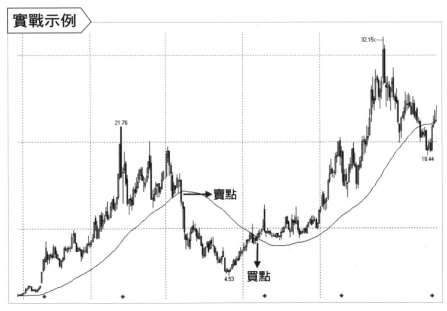

▲ 圖 4-7　中國衛星（600118）2006 年 2 月至 2011 年 2 月週線圖

型態解析

- 單根移動平均線的賣點，其實與 K 線穿越單根移動平均線的用法一樣，只不過它們互為鏡像，方向不同。股價向上突破單根移動平均線時，需要大量的成交量配合，而當股價向下穿越單根移動平均線時，成交量通常沒有那麼重要，地量下跌或無量下跌也經常可見。

- 關於股價下破單根移動平均線所採用的參數選取，也是根據每個人不同的交易習慣而定。有些人喜歡做中短線，可以用一些相對較小的時間參數；有些人喜歡做中長線，那麼可以採用一些相對較大的時間參數。

- 股價下破移動平均線，也需要對其加以驗證。有時間與幅度兩種驗證方法，若連續三天的收盤價都在移動平均線之下時，或在移動平均線之下下跌 3% 的幅度，都可以將其看成是下破的有效驗證。但三天或 3% 幅度也只是一個概數，還是可以根據每個人對風險的理解不同，改用兩天或 2% 幅度的驗證，或是四天和 4% 的驗證。

- 與趨勢線一樣，當股價偏離移動平均線很遠時，需要回歸移動平均線附近，再行下跌。類似於股價穿越趨勢線後，對於趨勢線的反彈。

盤面解析

如圖 4-7 所示，本圖例所取的時間參數為 60 日週線。2007 年 6 月 1 日當週，股價見頂，形成著名的三角形頂部。2008 年 3 月 14 日，股價下破 60 日週線，從價格上來看，也下穿了三角形頂部型態的下邊線，股價一路下跌，均線與價格型態共同提供準確的賣點。

Day 47 均線系統出現空頭排列時，賣出

實戰示例

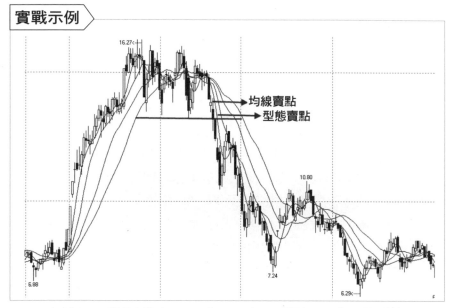

16.27

均線賣點
型態賣點

10.80

6.88

7.24

6.29

▲ 圖 4-8　宏圖高科（600122）2007 年 10 月至 2008 年 8 月日線圖

型態解析

- 空頭排列是相對於多頭排列的鏡像，當長期移動平均線、中期移動平均線和短期移動平均線依次由上而下排列時，為移動平均線系統的空頭排列。

- 空頭排列與多頭排列一樣，會帶來準確度極高的訊號，它通常是一段中期或是長期下跌的開始。

- 如果你是一個趨勢交易者，使用空頭排列給出的賣出訊號初期，賣點會比其他技術分析手段更晚一些。但空頭排列給出的賣出訊號卻是堅實可信的，你可以用一部分利潤來換取真

　　實的賣出訊號，相對來說也是值得的。

- 空頭排列是單根移動平均線與雙線交叉法組合後的延續性方法。

- 當空頭排列形成時，股價已經出現較大幅度下跌。若股價已經偏離移動平均線較大的幅度，會向移動平均線靠近，可採用乖離率指標來做更細微的判斷。在靠近移動平均線之後，可採用 K 線圖或是其他的技術分析方法輔助分析，找出更恰當的賣點。

盤面解析

　　如圖 4-8 所示，股價在頂部區間進行較長時間的寬幅震盪，而在此之前我們講過，震盪區間移動平均線會完全失去功效，出現上下頻繁穿插的現象。

　　當 2008 的 3 月 10 日，這一根長黑山現之後，移動平均線的排列漸漸清晰，可以看到從這一天開始，各條移動平均線均成為向下傾斜狀態。2008 年 3 月 11 日空頭排列形成，構成均線系統的賣點，次日股價向下穿越高位震盪的低點，給出型態的賣點。

Day 48 短期均線下叉中長期均線時，賣出

實戰示例

▲ 圖 4-9　浙江東方（600120）2010 年 4 月至 2010 年 9 月日線圖

型態解析

- 雙線交叉法是為了彌補單根移動平均線的不足。有時在震盪行情中，若採用單根短期移動平均線，會陷入永無止境的買進─停損、買進─停損的循環；若採用較長期的單根移動平均線，則會毫無利潤，憑添很多交易成本。

- 當短期移動平均線下叉中長期移動平均線時，便形成賣出訊號，說明短期內股價的下跌，超過中長期股價下跌的速度。股價向下運行的速度打破原有平衡，應及時將手中的股票拋售兌現。

- 雙線交叉法中，值得我們特別注意的是，當中長期移動平均線向上運行的速度趨緩，並向下出現拐點，此時的短期移動平均線再向上交叉中長期移動平均線，這樣的訊號基本上是非常準確的。

- 如果中長期移動平均線還在向上運行，而此時的短期移動平均線再向下穿越中長期移動平均線，這樣的賣出訊號便顯得不那麼精確了。有時僅僅是一次短暫的穿越帶來一次短暫的回檔而已，應用時須特別注意。

- 兩根移動平均線參數的選取也是有技巧的，沒有一定的規定，因為不同市場、不同標的物，其特性都不同。所以應因時、因地、因人，來選擇最適合的移動平均線參數。

盤面解析

　　如圖 4-9 所示，首先，頂部在震盪區間內短期移動平均線出現過一次向下交叉，但此時的中長期移動平均線依然向上運行，之後短期再次向上穿越中長期移動平均線。當二次死亡交叉時，中長期移動平均線已經出現拐點，此次的向下交叉可信度極高，所以 2010 年 5 月 10 日出現的死亡交叉，為我們提供了準確的賣出訊號。

Day 49 短、中期兩根均線形成「死亡谷」，賣出

實戰示例

▲ 圖 4-10　蘭花科創（600123）2011 年 3 月至 2011 年 8 月日線圖

型態解析

- 死亡谷與黃金谷互為鏡像，為賣出訊號。

- 當短期移動平均線向下運行，中期移動平均線隨之向下，這兩根移動平均線都向下穿越較長期的移動平均線時，形成一個圓滑三角形。該三角形的鈍角部分，也就是最大邊長所對應的方向是向下的，該型態被稱為「死亡谷」，有些書中也將它稱為「價壓」。

- 該三角形的面積越小，說明下跌的速度越快，且下跌的力量也越大。如果該三角形面積很大，說明下跌的速度相對較

慢，但可能會很平穩。一般來說，醞釀階段形成的死亡谷面積較大，而快速跌勢中出現的死亡谷面積較小。

- 死亡谷的內在含義與空頭排列基本相同，是空頭排列形成的先兆。死亡谷是由三根均線便可構成的一種型態，形成之後，若後續走勢繼續向下，那麼空頭排列遲早會形成。

- 形成死亡谷處的價位，也會對後續走勢形成一定程度的壓制。

盤面解析

如圖 4-10 所示，死亡谷實際上就是三根移動平均線形成空頭排列的轉換過程。2010 年 4 月 20 日，5 日移動平均線率先向下突破 20 日移動平均線，這是市場即將發生轉變的第一個警示訊號，此時穩健的操作者尚不能以此為依據作為賣點。

2010 年 4 月 22 日，10 日移動平均線與 20 日移動平均線發生死亡交叉，形成死亡谷，當日便成為死亡谷型態的賣點。其後股價在向上反彈時受到了該死亡谷的壓制，一路下挫而去。

Day 50 長期均線下，短期均線下叉中期均線時，賣出

實戰示例

空頭排列賣點

11.92

12.69

賣點

賣點

9.16

11.03

賣點

8.16<

▲ 圖 4-11　鐵龍物流（600125）2011 年 3 月至 2011 年 8 月日線圖

型態解析

- 本節所講解的這種方法為「生命線法」，結合短期和中期兩根 K 線的使用方法，與 K 線和單根移動平均線使用方法的精華，使我們能更精準地在大趨勢中做出中短線交易。

- 具體方法：當股價在長期移動平均線之下時，我們可以默認該趨勢為下跌趨勢。那麼此時短期移動平均線向下穿越中期移動平均線時，第一形成了兩根移動平均線組合而成的賣點，第二形成了短、中、長期移動平均線空頭排列的賣點。

- 若股價在該長期移動平均線之下，短期移動平均線向上穿越

中期移動平均線時，也不可貿然買進股票。因為我們默認該
趨勢為下跌趨勢，那麼此次的上叉，極有可能成為一次下跌
趨勢的反彈走勢。

- 這種方法的優勢在於，既可以掌握長期趨勢，也可以在長期
趨勢之內，過濾掉短期的震盪行情。可在長期下跌中，再次
找出其中短期或中期向下的行情，避開不必要的短期反彈，
不被短暫的向上反彈所迷惑。

盤面解析

　　如圖 4-11 所示，在本圖例中採用的時間週期，為 5 日移動平
均線、10 日移動平均線和 60 日移動平均線。首先，2011 年 4 月 13
日，移動平均線形成空頭排列，構成空頭排列的賣點，此後股價出
現向上反彈，當股價在長期移動平均線受到壓制後，向下回落。

　　2011 年 5 月 23 日，5 日、10 日移動平均線在 60 日移動平均
線之下形成死亡交叉，構成一個新的賣點。此後股價兩次向上回測
60 日移動平均線，5 日和 10 日移動平均線同時產生兩次死亡交叉，
先後構成兩個賣點。

第 **5** 章

結合 **K** 線與指標，
精準預測最佳停損點

5.1

K 線與 KD 指標結合的買賣點

擺動指標，如 KD 隨機指標、MACD 指數平滑異同移動平均線及 RSI 相對強弱指數等，這些指標的應用與判別基本上一致，都是根據兩條快速線和慢速線的交叉訊號提供買賣依據。

例如，當擺動指標自高位向下交叉時，代表股價有下跌的可能，而當擺動指標由低位向上交叉時，則說明股價有上漲的可能。同時，還可以根據擺動指標在底部的背離或頂部的背離現象，增強買賣訊號的重要性。

但是這種擺動指標永遠居於次要地位，是 K 線及趨勢走向的輔助分析工具。它所發出的買賣訊號，根據股票市場的趨勢不同，所提供的交易訊號準確度也有所不同。

有的擺動指數介於 0 刻度與 100 刻度上下邊界中運行，例如 KD 隨機指標或 RSI 相對強弱指標；有的擺動指標沒有上下邊界但有重要的零軸，零軸之上為強勢，零軸之下表示弱勢。

在本章中，分別列舉有邊界的 KD 隨機指標，和無邊界的 MACD 指數平滑異同移動平均線。一般情況下，KD 隨機指標會領先於 MACD 指標發出訊號，而 MACD 雖然訊號發出較晚，但能過濾掉一些假訊號。

選取這一快一慢的兩種訊號，可以互相取長補短。這兩種指標

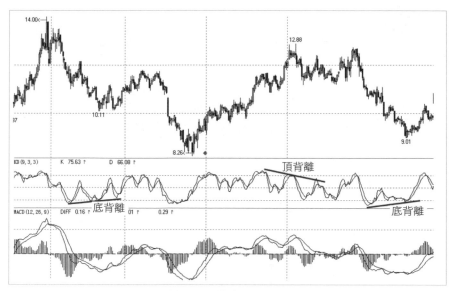

▲ 圖 5-1　擺動指標示意圖

是廣為流傳並得到大眾認可的指標，其效果也是極佳的。但在技術分析中，擺動指標的種類繁多，有時兩種擺動指標會出現相反的訊號，或者給出差距較大的訊號，對初學者來說是極為不利的。

　　如圖 5-1 所示，我們並列 KD 指標與 MACD 指標，便於相互對比。可以發現，當股價自高點開始向下運行時，MACD 指標與 KD 隨機指標均發出賣出訊號。不同的是，KD 隨機指標相對來說領先於 MACD 指標，當股價自低處向上反彈時，效果一樣。但 KD 指標過於靈活、穿插頻繁，而 MACD 指標卻顯得相對老成持重。

KD 指標出現底背離時，買進

實戰示例

▲ 圖 5-2　林海股份（600099）2010 年 3 月至 2010 年 11 月日線圖

型態解析

- 當股價一浪低於一浪，其對應的 KD 隨機指標值在理論上，也應該一浪低於一浪。若出現股價一浪低於一浪，而對應的 KD 隨機指標值卻一浪高於一浪，那麼股價與擺動指標之間的底部發生背離現象，給出買進訊號。

- KD 隨機指標未能隨著股價創出新一輪的低點，說明股價向下的動能已近衰竭，多頭勢力已經開始反撲。但我們應該牢記擺動指標永遠處於第二位置的原則，這還需要其他方面的配合。例如我們之前講過的趨勢線指標，與後面將要講到的

價格型態或是 K 線圖型態。擺動指標給出警示，且主圖給出確定的訊號，我們才能出手。

- 股價與擺動指標出現的底部背離，是市場中常見的狀況，尤其是超賣區間出現底部背離時，顯得更可靠。

- KD 隨機指標與股價之間的背離，對於研判趨勢不能提供更多幫助，只能預判某一段行情中股價將會出現何種走勢，這也是隨機指標的局限性。對於價格趨勢的判斷，還要依賴於 K 線圖等主圖分析手法。

盤面解析

如圖 5-2 所示，有兩個明顯低點，且第二個低點處明顯低於第一個低點。但它們所對應的 KD 隨機指標中，卻是第二個低點所對應的 KD 值高於第一個低點所對應的 KD 值，並且第一個低點處的 KD，是在超賣區出現的黃金交叉，如此便形成超賣區位置的底部背離現象。2010 年 7 月 8 日，底背離確定後，股價憑藉著第二次黃金交叉向上運行，給出買點。

KD 指標出現二度底背離時，買進

Day 52

實戰示例

▲ 圖 5-3　開創國際（600097）2008 年 5 月至 2009 年 3 月日線圖

型態解析

- 有時股價與 KD 隨機指標之間出現的一次背離，並不足以扭轉行情的走勢，極端時會產生二度背離，或是多度背離。所以擺動指標永遠處於第二位，只有警示與參考作用，真正具有主導作用的，是主圖和價格的分析。

- KD 隨機指標出現二度背離的情況並不常見，出現多度背離的情況更是少之又少。所以當股價與 KD 指標出現二度背離時，再配合主圖方面的分析，給出的買進訊號通常都是非常準確的。

- 一般情況下，當股價處於較低價位時出現的二度背離訊號，相對來說價值更大。

盤面解析

如圖 5-3 所示，2008 年 9 月 18 日，股價已處於較低的價位，此時的 KD 隨機指標已經進入超賣區，KD 值處於 10 刻度以下，由超賣引發短期的向上反彈，但是股價未能扭轉下跌趨勢。

2008 年 9 月 26 日，股價再次恢復下跌，並最終向下創出新低。然而，KD 隨機指標並沒有跟隨股價的下跌創出新低，反而隨著股價的小幅反彈，在 20 刻度以上形成黃金交叉，構成第一次底部背離。

但這次背離同樣沒有帶來理想的上漲，股價在前一次的反彈高點處受到壓制，再次顯露出疲弱的狀態。股價於 2008 年 11 月 6 日再次下跌創山新低，此時 K 線圖以星線型態報收。

反觀 KD 隨機指標，同樣未能伴隨著股價的下跌繼續大幅回落。2008 年 7 月 10 日，隨著股價上漲，KD 指標在高於前一個低點的位置上出現黃金交叉，依次下跌的股價伴隨著依次上漲的 KD 隨機指標，二度背離就這樣形成了，股價展開大規模的上漲行情。

Day 53 KD 指標在 20 刻度以下出現
黃金交叉，買進

實戰示例

▲ 圖 5-4　宏圖高科（600122）2010 年 12 月至 2011 年 4 月日線圖

型態解析

- KD 隨機指標是常見的擺動指標，相對來說很靈敏。與大多
  數擺動指標一樣，底部黃金交叉為買進訊號，當 KD 值處於
  20 刻度以下時，將市場定義為超賣狀態。

- 所謂超賣是指，市場短期內下跌幅度過急過大，有向上反彈
  的訴求，顯示市場繼續創出新低的動能在不斷減少以至衰
  竭，市場需要進行整理。

- KD 隨機指標中，以 D 值為最重要的參考，當 D 值趨緩並
  向上拐頭時，K 值再向上穿越 D 值，此時的買進訊號準確

性極大；若 D 值並未向上運行，而 K 值單方向的向上穿越 D 值，此時的買進訊號準確性不大，可能僅僅是一次短暫的反彈而已。

- 當市場處於上升趨勢中，若發生向下回檔，此時在 20 刻度下發生黃金交叉的買進訊號，準確度更高；而在下跌趨勢中出現的此類黃金交叉，可能僅是下跌趨勢中的整理即將出現。由此可以看出趨勢的重要性，並從另一方面再次強調要順勢而為。

- KD 隨機指標的地位永遠處於第二位，它的使用應配合 K 線圖、趨勢線等主圖分析方法，僅憑 KD 隨機指標的單方面交易訊號，只能作為警示訊號。

盤面解析

如圖 5-4 所示，2011 年 1 月 21 日，KD 隨機指標進入 20 刻度以下的超賣區。1 月 27 日，KD 指標於 20 刻度以下形成黃金交叉，某些激進的投資人可能據此入市，但並不可靠。

直至 2011 年 2 月 1 日，股價向上穿越前方短期下跌趨勢線後，此時的 KD 隨機指標再次在 20 刻度以下形成黃金交叉，共同給出買點。擺動指標配合主圖給出的買進訊號，才是真正可靠的。

回測結束再次形成黃金交叉時，買進

實戰示例

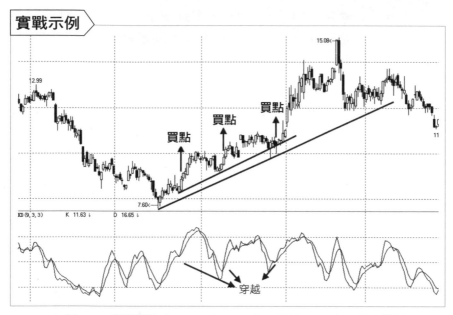

▲ 圖 5-5　鄭州煤電（600121）2010 年 3 月至 2011 年 1 月日線圖

型態解析

- 在上漲趨勢中，KD 隨機指標的回落往往伴隨股價回檔走勢產生，它不是真正的反轉，我們可以用趨勢線進行上漲趨勢的界定。

- 當股價發生回檔，並未向下穿越上漲趨勢線時，說明該上漲趨勢並未結束，那麼每一次的回檔都伴隨著 KD 隨機指標下行。當回檔結束，再次形成黃金交叉後即是買入點，也可以理解為加倉買入點。

- 尤其是在回檔過程中，發生向上二次黃金交叉時的買入訊

號，是極為可靠的。這符合波浪理論中，整理浪結束，下一
個推進浪即將展開的介入點。

- KD 隨機指標在回檔過程中，向下有時甚至不會跌破 50 刻
度線，若沒有出現大幅回檔，KD 隨機指標很難進入超賣區
域，也就是 20 刻度以下。那麼在上漲趨勢中，KD 隨機指
標通常是在超賣區以上，50 刻度左右往復穿叉，我們可以
將 50 刻度以上的 KD 值定義為強勢。

盤面解析

如圖 5-5 所示，2009 年 9 月 22 日股價在底部形成後，第一次
出現向下的回檔，KD 指標伴隨著向下出現死亡交叉。你可以發
現，雖然股價向下回檔幅度較小，但 KD 指標下行速度很快，這似
乎預示 KD 隨機指標再次出現黃金交叉為時不遠。

2009 年 10 月 9 日，股價向上跳空開高，隨機指標發生黃金交
叉，展開新一輪上漲。2009 年 10 月 20 日發生的回檔過程，屬於波
浪理論中的整理浪結構，第一次黃金交叉時股價並未大幅回升，隨
著股價再次回落，整理完成。2009 年 11 月 16 日，股價開高漲停，
KD 指標再次形成黃金交叉，形成買點。

Day 55 KD 指標出現頂背離時，賣出

實戰示例

賣點

頂背離

▲ 圖 5-6　亞盛集團（600108）2007 年 11 月至 2008 年 11 月日線圖

型態解析

- 當股價一浪高於一浪，其對應的 KD 隨機指標值，在理論上也應該一浪高於一浪。若出現股價一浪高於一浪，而對應的 KD 隨機指標值卻一浪低於一浪，那麼，便出現股價與擺動指標之間的頂部背離現象，形成賣出訊號。

- KD 隨機指標未能隨著股價創出新一輪的高點，說明股價向上的動能已近衰竭，空頭勢力開始反撲。但我們應該牢記擺動指標永遠處於第二位置的原則，還需要其他方面的配合，例如之前講過的趨勢線指標，與後面將要講到的價格型態或

是 K 線圖型態。擺動指標給出警示，而主圖給出確定的訊號，我們才能出手。

- 股價與擺動指標出現的頂部背離，是在市場中比較常見的一種狀況，尤其是超買區間出現頂部背離時，顯得更加可靠。KD 隨機指標與股價之間的背離，對於研判趨勢並不能提供更多幫助，只能預判某一段行情中股價將會出現何種走勢，這也是隨機指標的局限性。對於價格趨勢的判斷，還要依賴 K 線圖等主圖分析手法。

盤面解析

如圖 5-6 所示，市場在 2008 年 1 月 16 日形成顯著的高點，隨著看跌抱線出現，股價進入回檔走勢中。2008 年 2 月 1 日股價恢復上漲，2008 年 3 月 6 日股價突破前期高點創出新高，但它所對應的 KD 隨機指標未能跟隨著股價創出新高，向上動能不足。

3 月 10 日股價下跌，KD 隨機指標與股價之間形成頂部背離。當頂背離確認後，所對應的一根陰線就成了頂背離的賣點，加之向下穿越短期上漲趨勢線，加深賣點的準確性。

Day 56 KD 指標出現二度頂背離時，賣出

▲ 圖 5-7　*ST 寶碩（600155）2007 年 6 月至 2007 年 11 月日線圖

型態解析

- 當股價一浪高於一浪，而相對應的 KD 指標卻一浪低一浪時，為股價與 KD 隨機指標的一度背離。那麼當股價再度升高，而對應的 KD 指標再度下降，便形成股價與隨機指標之間的二度頂背離。

- 有時股價與 KD 隨機指標之間出現的一次背離，不足以扭轉行情，極端時會產生二度背離，或是多度背離。所以我們會說擺動指標永遠處於第二位，只有警示與參考作用，主導的還是主圖和價格的分析。

● KD 隨機指標出現二度背離的情況並不常見，出現多度背離
的情況更是少之又少，所以當股價與 KD 指標出現二度背
離，再配合主圖方面的分析，給出的賣出訊號通常都是極準
確的。一般情況下，當股價處於較高價位時，出現的二度背
離訊號，相對來說參考價值更大。

盤面解析

如圖 5-7 所示，圖中出現連續上升的三個高點，然而 KD 隨機
指標在股價創出新高時，均未能跟隨向上同時創出新高，反而是一
浪低於一浪，形成頂部背離，並且為二度頂部背離。

2007 年 9 月 19 日，股價自頂部下跌，KD 隨機指標發生死亡
交叉，形成頂部二度背離，即二度背離的賣點。其中第二個高點處
雖然形成頂部背離，但在上升趨勢中賣出訊號未必都可靠，需要其
他技術分析的配合，且股價與 KD 隨機指標之間的背離形成，以 D
值為準，K 值為輔。

我的投資筆記

Day 57 | KD 指標在 80 刻度出現死亡交叉，賣出

實戰示例

▲ 圖 5-8　上海汽車（600104）2010 年 8 月至 2011 年 1 月日線圖

型態解析

- KD 隨機指標，屬於常見且相對來說很靈敏的擺動指標。它與大多數擺動指標一樣，頂部死亡交叉為賣出訊號，當 KD 值處於 80 刻度以上時，將市場定義為超買狀態。

- 所謂超買是指市場短期內上漲幅度過急過大，有向下回檔的訴求，顯示市場繼續創出新高的動能在不斷減少，以至衰竭，需要進行整理。

- KD 隨機指標的地位永遠處於第二位，它的使用應配合 K 線圖、趨勢線等主圖分析方法，僅憑 KD 隨機指標帶給我們的

單方面交易訊號，只能作為警示和參考訊號。

- KD 隨機指標中，以 D 值為最重要的參考。當 D 值趨緩，並向下拐頭時，K 值再向下穿越 D 值，此時的賣出訊號的準確性極大。若 D 值並未向下運行，而 K 值單方面向下穿越 D 值，此時的賣出訊號準確性不大。

- 當市場處於下跌趨勢，若發生向上反彈，此時在 80 刻度上發生的死亡交叉賣出訊號準確度更高。而在上漲趨勢中出現的此類死亡交叉，可能僅是上漲趨勢中的整理即將出現。由此可以看出趨勢的重要性，並且從另一方面再次強調要順勢而為。

盤面解析

如圖 5-8 所示，在 2010 年 10 月 25 日之前是一段中期的上漲趨勢，當股價發展至高位時出現了有趣的現象，在頂部有兩個實體極短的陽星線，猶如雙胞胎一般並列出現在頂部，並且幅度幾乎相同，這顯然是一個危險的訊號。

其後在 2010 年 10 月 27 日，股價下穿短期上漲趨勢線，且 KD 隨機指標在 80 刻度高位形成死亡交叉，共同形成賣出訊號。

Day 58 回測結束再次形成死亡交叉時，
賣出

實戰示例

▲ 圖 5-9　亞盛集團（600108）2008 年 2 月至 2009 年 1 月日線圖

型態解析

- 在下跌趨勢中，KD 隨機指標的回落，往往伴隨股價反彈走勢產生，它不是真正的反轉，我們可以用趨勢線進行下跌趨勢的界定。當股價發生反彈，並未向上穿越下跌趨勢線時，說明該下跌趨勢並未結束，那麼每一次的回檔都伴隨著 KD 隨機指標上升。當回檔結束時，再次形成死亡交叉後即是賣出點。

- 尤其是在反彈過程中，發生的向下二次死亡交叉時的賣出訊號，是極為可靠的。這符合波浪理論中，整理浪結束，下一

個推進浪即將展開的介入點。

- KD 隨機指標在回檔過程中，向上有時甚至不會突破 80 刻度線，若沒有出現大幅反彈，KD 隨機指標很難進入超買區域，也就是 80 刻度以上。那麼在下跌趨勢中，KD 隨機指標通常是在超買區以上，50 刻度左右往復穿叉，我們可以將 50 刻度以上的 KD 值定義為弱勢。弱勢以下，千萬不可動手買進。

盤面解析

如圖 5-9 所示，2008 年 3 月 6 日股價回落後，KD 隨機指標發生死亡交叉。2008 年 4 月 3 日股價開始向上反彈，KD 隨機指標跟隨反彈，形成黃金交叉。5 月 13 日形成反彈高點，次日，KD 隨機指標便在 80 刻度以上出現死亡交叉，形成賣出訊號。

此後股價大幅下跌，然而任何一個趨勢中，股價都不會直線運行。當反彈再度發生後可以發現，在這一次完整的向上反彈過程中，出現兩次 KD 隨機指標的死亡交叉訊號。

但我們強調過，在下跌趨勢中的整理行情中，二次死亡交叉的作用訊號更加準確。在兩個臨近的高點中，第一次向下交叉比第二次向下交叉準確性低，下跌幅度也相對較小。最後的反彈高點，來自於趨勢線的壓制，加強賣出訊號的可靠性。

5.2

K 線與 MACD 指標結合的買賣點

Day 59　MACD 指標出現底背離時，買進

實戰示例

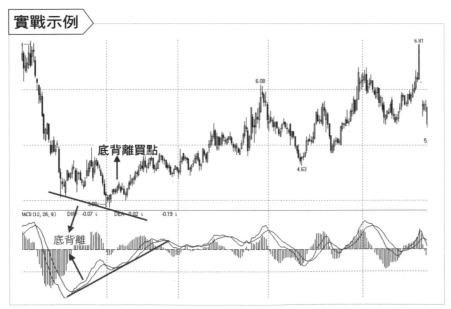

▲ 圖 5-10　福建南紙（600163）2010 年 4 月至 2011 年 4 月日線圖

型態解析

- 當股價一浪低於一浪，其對應的 MACD 指標值在理論上，也應該一浪低於一浪；若出現股價一浪低於一浪，而對應的 MACD 指標值卻一浪高於一浪，便出現股價於擺動指標之間的底部背離現象，形成買進訊號。

- MACD 指標未能隨股價創出新一輪的低點，說明股價向下的動能已近衰竭，多頭勢力已經開始反撲，股價與擺動指標出現的底部背離，是市場中較常見的狀況。尤其超賣區間出現底部背離時，顯得更可靠。

- MACD 隨機指標與股價之間的背離，對於研判趨勢不能提供更多幫助，只能預示某一段行情中股價將會出現何種走勢，這也是隨機指標的局限性。對於價格趨勢的判斷，還要依賴 K 線圖等主圖分析手法。擺動指標給出警示，而主圖方面給出確定的訊號再採取行動。

- MACD 指標與 KD 隨機指標不同之處在於，MACD 指標不能界定何處為超賣區間，很難看出哪段頂部背離是最重要的，這需要根據當時的具體環境來做判斷。

盤面解析

如圖 5-10 所示，股價在大幅下跌之後，於 2010 年 5 月 18 日確定一個低點，此後 MACD 向上交叉配合股價小幅反彈。當股價再度下跌創出新低後，MACD 指標並未跟隨股價繼續下跌，反而是向上運行。2010 年 7 月 9 日，MACD 指標在高於前低的位置向上交叉，當日構成背離買點。

Day 60 MACD 指標出現二度底背離時，買進

實戰示例

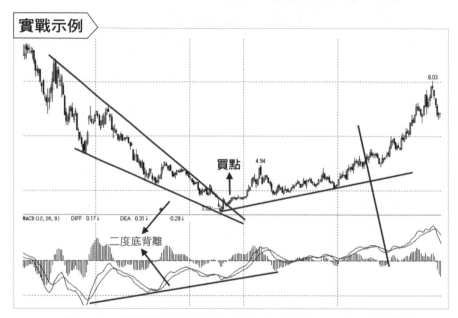

▲ 圖 5-11　邯鄲鋼鐵（600001）2008 年 2 月至 2009 年 7 月日線圖

型態解析

- MACD 指標出現背離的情況很多，在極端情況下可能會出現多度背離。雖然 MACD 指標是有最多群眾基礎的指標，對於趨勢的判研非常重要，但當股價深度回檔，或是時間跨度很長的下探回檔時，極有可能出現多度底部背離。所以，我們會說擺動指標永遠處於第二位，只具有警示與參考作用，主導的還是主圖和價格分析。

- KD 隨機指標出現二度背離的情況並不常見，出現多度背離的情況更是少之又少。所以，當股價與 KD 指標出現二度背

離，再配合主圖方面的分析，給出的買進訊號通常都極準確。

● 一般情況下，當股價處於較低價位時出現的二度背離訊號，相對來說參考價值更大。

盤面解析

如圖 5-11 所示，二度底部背離出現在一波長期下跌趨勢的末端，至於是否為有效的底部，首先應該判斷是否發生有效的底部反轉型態。2008 年 4 月 18 日，股價自低點向上反彈後，MACD 指標形成二度背離中的第一個黃金交叉，反彈後股價隨即向下運行，創出新低，股價再次反彈後，形成第一次底部背離。

但由於股價並未向上突破原下跌趨勢線，所以未能形成有效的反轉行情。2008 年 12 月 31 日。市場再次探出新低，2009 年 1 月 12 日，股價在底部反彈後小幅整理。但此時 MACD 指標已形成黃金交叉，二度背離成立，並且上破原下跌趨勢線，指標配合主圖給出買點，可靠性極強。在二度背離形成的過程中，DIFF 與 DEA 一直處於零軸下方，而每一次形成底部背離時，柱狀圖逐漸在零軸下方縮短，說明向下賣盤的動能已經越來越弱。

Day 61 在零軸上方的黃金交叉，買進

實戰示例

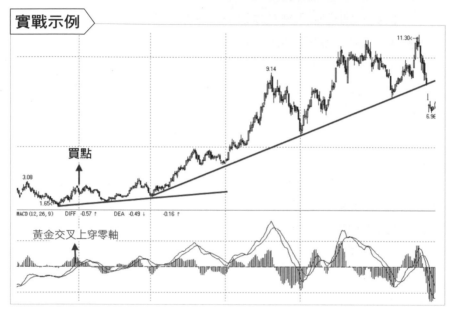

▲ 圖 5-12　大龍地產（600159）2008 年 9 月至 2010 年 2 月日線圖

型態解析

- MACD 指標與 KD 隨機指標大同小異，不同之處在於，KD 隨機指標是有上下邊界的，可以找到超買與超賣的區間。但 MACD 具有零軸，零軸上下便是區分強勢與弱勢的基本分界線。

- 在有著做空機制的市場中，零軸下方出現 DIFF 與 DEA 黃金交叉時，通常為平掉手中空頭部位的訊號；零軸上方出現 DIFF 與 DEA 黃金交叉時，通常為建立多頭部位的訊號。也就是說，零軸下方出現黃金交叉，趨勢可能出現反轉，但

大多情況下為下跌趨勢中的反彈。這要從大局來分析行情，若單獨談擺動指標，應在零軸上方黃金交叉時建立多單。

- 零軸上方的黃金交叉，與零軸下方的黃金交叉不同。零軸下方的黃金交叉往往代表底部區域的出現；零軸上方的黃金交叉則意味漲勢基本確立，由弱勢轉為強勢，此時買進，更能捕捉上漲行情的利潤，並且訊號相對準確。
- 從波浪角度來看，零軸下方的黃金交叉出現轉勢之時，通常為 C 浪與 1 浪的轉換，或是其他級別波浪的 C 浪與主升 1 浪的出現。

盤面解析

如圖 5-12 所示，MACD 出現了六次向上交叉的現象，即所構成的買進訊號較為準確。當第一次 MACD 由零軸下方向上穿越後，一直處於上升趨勢線的支撐，所以在給出買進訊號後，只要主圖趨勢線沒有被破壞，便可長時間持有。

我的投資筆記

Day 62

MACD 指標出現頂背離時，賣出

實戰示例

▲ 圖 5-13　上港集團（600018）2010 年 6 月至 2011 年 1 月日線圖

型態解析

- 當股價一浪高於一浪，其對應的 MACD 指標值在理論上，也應該一浪高於一浪。若出現股價一浪高於一浪，對應的 MACD 指標值卻一浪低於一浪，便出現股價與擺動指標之間的頂部背離現象，形成賣出訊號。

- MACD 指標未能隨著股價創出新一輪的高點，說明股價向上的動能衰竭，空頭勢力已經開始反撲。但我們應該牢記，擺動指標永遠處於第二位置的原則，還需要其他技術分析的配合。例如我們之前講過的趨勢線指標，與後面將要講到的

價格型態或是 K 線圖型態。擺動指標給出警示，且主圖方面給出確定的訊號，才能賣出。

- MACD 指標與股價之間的背離，對於研判趨勢不能提供更多幫助，只能預判某一段行情中股價將會出現何種走勢，這也是擺動指標的局限性。對於價格趨勢的判斷，還要依賴於 K 線圖等主圖分析手法。

盤面解析

如圖 5-13 所示，股價自 2010 年 7 月 1 日起進入上漲趨勢內。2010 年 8 月 27 日形成第一個顯著高點，此後股價進入回檔階段，當 DEA 觸到零軸時，股價重新回到上漲趨勢。2010 年 10 月 18 日，股價形成一次上漲的高點，但留下長長的上影線。MACD 指標雖然低於前一個高點處的 MACD 值，但此後在股價的震盪中，MACD 並未及時發出賣出訊號。

直至 2010 年 11 月 9 日，隨著股價的下跌，DEA 線與 DIFF 線形成死亡交叉，確定頂部背離，給出賣出訊號。在高點和賣點之間，MACD 指標中的兩條線出現黏合，當它真正向下發散出現死亡交叉時，才能判定為頂部背離，此點是最關鍵的。

Day 63

MACD 指標出現二度頂背離時，賣出

實戰示例

▲ 圖 5-14　大龍地產（600159）2008 年 12 月至 2010 年 6 月日線圖

型態解析

- MACD 指標與其他擺動指標一樣，具有頂部背離的判斷功能，當股價一浪高於一浪，而 MACD 指標卻一浪低於一浪時，為一度頂部背離。當股價再度上升，所對應的 MACD 指標還在繼續下跌，為二度頂部背離。

- MACD 指標稍顯遲緩，但對於過濾掉頻繁的偽訊號，具有顯著的優勢。相對於一度頂部背離，二度頂部背離的賣點更準確。

- 當然，我們還需要配合趨勢線、價格型態或是 K 線圖型態

等進行驗證。畢竟二度背離出現了，三度背離也有可能出現。我們不能想當然爾地認為，二度背離是最後一次背離，股價肯定會下跌。即使是再精確的交易訊號，也有失敗的機率，只有當趨勢確認反轉之後，發出的賣出訊號才更為準確。

盤面解析

如圖 5-14 所示，該二度背離出現的背景為，在這三個明顯的高點形成之前，是一波較大幅度、時間很長的一段上升趨勢，當MACD 指標第一次出現賣出訊號時，便應該注意。此後在第二個高點，發生 MACD 指標頂部背離現象，這無疑為市場留下更大的隱患。當最後一個高點出現，隨著 MACD 指標再度發生背離，進一步加強下跌的可能性。

2010 年 1 月 27 日，股價長黑下跌，配合 MACD 指標的二度背離，成為頂部背離訊號的賣點。隨後上升趨勢線遭到破壞，當股價向下穿越這根上升趨勢線後，為主圖提供的賣點。

Day 64　在零軸上方的死亡交叉，賣出

實戰示例

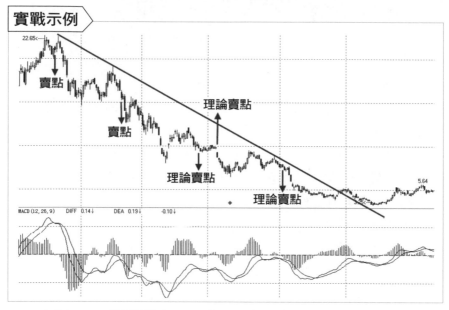

▲ 圖 5-15　首創股份（600008）2008 年 1 月至 2008 年 12 月日線圖

型態解析

- MACD 在零軸下方時定義為弱勢，也可以說，MACD 指標 在零軸下方出現死亡交叉，已然是下跌趨勢確立。那麼， 股價可能已經破位下跌一段距離。雖然如此，MACD 指標 給出訊號過於緩慢，但它的交易訊號是極度可信的，所以， 我們再次說，這樣的交易是值得的。

- 在有著做空機制的市場中，在零軸下方出現 DIFF 與 DEA 死亡交叉時，通常是建立新的空頭部位訊號；在零軸上方出 現 DIFF 與 DEA 死亡交叉時，通常是平掉手中多頭部位的

訊號。也就是說，零軸上方出現死亡交叉，趨勢可能出現反轉，但大多情況下為上漲趨勢中的回檔，這要從大局來分析行情。

- 零軸上方的死亡交叉，與零軸下方的死亡交叉不同，前者往往意味下跌趨勢已經出現，而後者意味漲勢中的回檔。

盤面解析

如圖 5-15 所示，首先在講解賣點之前，我們要再次強調趨勢的意義。當下跌趨勢形成以後，如果及時發現趨勢轉變的各種細微變化，早就應該賣出手中的股票。我們經常說順勢而為，所以賣點是指賣出手中的股票，然後觀望、等待新的機會，再行進場買進。

如圖中標注所示，MACD 指標在零軸出現死亡交叉後，形成賣點，此時需要看看你手中是否仍持有該股票。我們標出的這些賣點，可以在做空機制的市場中提示開放空單，或為短線操作者提供短線平倉的訊號。

我的投資筆記

國家圖書館出版品預行編目（CIP）資料

我用 K 線賺一億〔圖解〕：60天看懂買賣型態，一出手勝率100%！
／財聚龍頭著. -- 新北市：大樂文化有限公司，2023.09
192面；17×23公分（優渥叢書Money；062）
ISBN 978-626-7148-73-0（平裝）

1. 股票投資　2. 投資技術　3. 投資分析
563.53　　　　　　　　　　　　　　　　　112010639

Money 062

我用 K 線賺一億〔圖解〕
60 天看懂買賣型態，一出手勝率 100%！

作　　　者／財聚龍頭
封面設計／蕭壽佳
內頁排版／王信中
責任編輯／林育如
主　　　編／皮海屏
發行專員／張紜蓁
發行主任／鄭羽希
財務經理／陳碧蘭
發行經理／高世權
總編輯、總經理／蔡連壽
出 版 者／大樂文化有限公司（優渥誌）
　　　　　　地址：220新北市板橋區文化路一段 268 號 18 樓之一
　　　　　　電話：（02）2258-3656
　　　　　　傳真：（02）2258-3660
詢問購書相關資訊請洽：2258-3656
郵政劃撥帳號／50211045　戶名／大樂文化有限公司

香港發行／豐達出版發行有限公司
地址：香港柴灣永泰道 70 號柴灣工業城 2 期 1805 室
電話：852-2172 6513　傳真：852-2172 4355

法律顧問／第一國際法律事務所余淑杏律師
印　　　刷／韋懋實業有限公司

出版日期／2023 年 9 月 18 日
定　　　價／280 元（缺頁或損毀的書，請寄回更換）
Ｉ Ｓ Ｂ Ｎ／978-626-7148-73-0